L'ÉQUATION DU MIRACLE

HAL ELROD

L'ÉQUATION DU MIRACLE

Traduit de l'anglais par Christophe Billon

FIRST
ÉDITIONS

Titre original : *The Miracle Equation – The Two Decisions That Move Your Biggest Goals from Possible, to Probable, to Inevitable*

ISBN : 978-2-412-05179-5
Dépôt légal : janvier 2020
Imprimé en France par Normandie Roto Impression s.a.s. (1905773)

Traduit de l'anglais par Christophe Billon
Correction : Françoise Caille et Odile Duburcq
Mise en pages : KN Conception

Éditions First, un département d'Édi8
92, avenue de France
75013 Paris - France
Tél. : 01 44 16 09 00
Fax : 01 44 16 09 01
firstinfo@efirst.com
www.editionsfirst.fr

SOMMAIRE

*Ce livre est dédié aux personnes chères à mon cœur
et qui sont au centre de mon univers : ma famille.
Ursula, mon épouse pour la vie, ton amour et ton soutien
rendent possible tout ce que j'entreprends
(y compris ce livre). Je t'adore.
Sophie et Halsten, vous êtes mes miracles préférés.
Dans la vie, ma mission est d'être le meilleur père possible.
Mon amour pour vous dépasse tous les mots
que je pourrais employer (ou que n'importe quel auteur
pourrait écrire).*

INTRODUCTION
AVANT DE COMMENCER

Avec mon dernier livre, *Miracle Morning,* j'ai raté quelque chose.

Mon objectif était d'améliorer 1 million de vies, un matin à la fois. Je l'ai pris très au sérieux. Il m'a fallu plus de dix-huit mois de promotion continue pour générer une dynamique et plus de cinq ans pour atteindre cet objectif, puis ce livre a fini par se retrouver entre les mains de plus d'un million de personnes qui en avaient besoin. Pour en arriver là, j'ai été interviewé dans plus d'une dizaine d'émissions de télévision, j'ai complètement rempli mon agenda de conférences et d'interventions, j'ai créé une communauté Facebook afin de pouvoir interagir directement avec les lecteurs, tout cela pour éclairer ceux qui souhaitent s'améliorer grâce un exercice de développement personnel quotidien extrêmement efficace.

De l'extérieur, on avait l'impression que mon objectif avait été rempli. Si vous faites partie de ces personnes, qui sont plus d'un million, à avoir lu *Miracle Morning,* rejoint la communauté Miracle Morning sur Facebook ou été influencées par un lecteur ou un membre de la communauté, vous vous demandez peut-être, dubitatif, comment un livre et un message qui ont touché – et apparemment aidé – tant d'individus pourrait ne pas être considéré comme un succès ? Je sais, il m'a fallu moi-même un moment pour accepter ce point de vue. À tous égards, on peut dire que j'avais atteint mon objectif.

Des centaines de milliers de personnes exécutent au quotidien le Miracle Morning dans plus d'une centaine de pays. Je reçois chaque jour des messages de personnes me narrant une amélioration miraculeuse de leur état de santé (qu'elles aient vaincu un cancer ou se soient remises d'un accident de voiture), une spectaculaire perte de poids, l'écriture d'un livre ou la création d'une entreprise. Certains ont déménagé, voyagé et trouvé l'amour. D'une manière générale, le Miracle Morning a aidé des tas de personnes à découvrir et à partager leurs talents, rendant ainsi le monde meilleur pour nous tous.

Grâce à toutes ces victoires, je ressens au plus profond de mon cœur une immense gratitude.

Et pourtant, quelque chose me travaillait depuis la publication de ce livre en 2012. Bien que le respect assidu d'un exercice de développement personnel quotidien vous permette de développer les qualités et les caractéristiques nécessaires pour atteindre tous vos objectifs dans la vie, cela ne génère pas, en soi, la réussite. Cela ne représente que la moitié de l'équation pour ainsi dire. Vous pouvez méditer chaque jour, lire des ouvrages de développement personnel, être plus lucide grâce à la tenue d'un journal de bord et devenir une personne parmi les plus avisées, confiantes et préparées, puis ne rien faire. Quelle en est alors l'utilité ?

Ce scénario vous rappelle peut-être quelqu'un. Vos étagères regorgent de plus de sagesse que votre emploi du temps ne vous permet d'acquérir ou bien vous êtes un habitué des conférences sur la transformation personnelle. Mais vous avez le sentiment qu'il vous manque quelque chose. Les résultats sont tout simplement absents. Le solde de votre compte bancaire n'a pas atteint le niveau escompté. La relation amoureuse que vous vivez actuellement et que vous espériez si épanouissante ne répond pas à vos attentes. Vous avez peut-être du mal à monter ou à consolider une entreprise, à trouver un métier qui vous convienne ou simplement à vous sentir heureux au quotidien, à moins que tous les espoirs cités précédemment se soient concrétisés et que vous soyez toujours animé par l'envie de franchir un cap sur le plan personnel ou professionnel.

Si vous vous êtes retrouvé dans cette situation inachevée (et, croyez-moi, je me suis moi aussi senti coupable), vous pourriez très bien (probablement sans le savoir) faire partie d'un groupe très étoffé d'« accros au développement personnel ». Comme membre de ce groupe en cours de rétablissement, je sais parfaitement que nous adorons ce que procurent ces moments de grâce et que nous recherchons ces émotions. Mais rien ne change vraiment. Aucune transformation durable ne se produit. Nous continuons simplement sur la même lancée, à souhaiter obstinément les mêmes choses. Avant, je dévorais les livres, persuadé qu'en absorbant chaque nouvelle idée, je devenais une meilleure version de moi-même, comme s'il suffisait que ce savoir élise domicile dans mon cerveau. Il n'est pas rare de penser que la pratique quotidienne du développement personnel suffit en soi. Mais ce n'est pas le cas. Si se fixer des objectifs ne débouche que sur un sentiment de culpabilité de n'avoir pu les atteindre et vous rend malade, sachez que vous n'êtes pas seul (et que ce livre est pour vous).

Votre pratique quotidienne du développement personnel doit s'accompagner d'un processus éprouvé destiné à fixer et à atteindre des objectifs importants qui n'auront de cesse d'améliorer votre qualité de vie. Je me souviens encore du jour où j'ai regardé la vie en face et pris conscience que **je pouvais faire plus, être plus. Je ne souhaitais plus me poser, me contenter de ce que j'avais**. Je n'avais pas eu de difficultés majeures dans ma jeunesse et j'avais fourni le minimum syndical pour récolter les meilleurs fruits. Mais cet état d'esprit ne me convenait plus. J'ai donc commencé à me concentrer activement sur mes objectifs les plus importants au lieu d'attendre (ou plutôt d'espérer) que leur accomplissement se matérialise rien qu'en les visualisant clairement dans mon esprit. Avec le temps, j'ai développé un processus qui transforme en action la synthèse de tout ce savoir en matière de développement personnel. J'ai pris conscience que cette action, souvent simple et assez ordinaire, allait déboucher sur des résultats extraordinaires.

Si vous êtes un habitué de l'univers du développement personnel, vous avez déjà entendu dire que *tout est possible.* Moi, j'en suis sûr. Mais ce qui est *possible* ne suffit pas à vous faire sortir du lit le matin, animé de la motivation nécessaire pour vous attaquer à vos rêves les plus fous. J'aimerais que ce soit le cas, mais il n'en est rien. La demi-mesure n'était pas suffisante. Avec ce nouveau livre, j'ai voulu créer une méthode pour que votre réussite passe du stade du possible, à celui du *probable* et enfin à celui de l'*inévitable.*

Cette méthode s'appelle l'« équation du miracle ». Comme vous le découvrirez, elle est d'une apparente simplicité quand il s'agit de l'expliquer, mais, dans notre société, seul un petit pourcentage de gens sait comment la mettre en œuvre. Elle repose uniquement sur deux décisions : la première consiste à conserver une *foi inébranlable* et la seconde à fournir un *effort extraordinaire.* Pour créer des miracles tangibles et mesurables, il s'agit donc d'associer ces deux principes sur une durée assez longue.

Lorsque nous observons les plus grands vainqueurs, les pionniers, les mécènes les plus prolifiques et les athlètes les plus performants du monde, ainsi que tous ceux qui ont apporté leur pierre à l'édifice de notre monde, nous constatons qu'ils y sont parvenus grâce à une foi inébranlable et en produisant un effort extraordinaire. Lorsque ces deux facteurs sont réunis dans la durée, il est impossible d'échouer. Vous pouvez trébucher, subir des contretemps, mais votre réussite passera finalement du stade du possible… à celui du probable… puis à celui de l'inévitable.

C'est lorsque vous devenez capable de rendre inévitable l'atteinte de vos objectifs que vous endossez le costume de ce que j'appelle un « expert en miracles ». Les experts en miracles ont résolu le mystère de la création des miracles et vivent en accord avec l'équation du miracle. De fait, cette foi inébranlable en leurs capacités détermine leur état d'esprit. Et l'effort extraordinaire se situe dans leur manière d'aborder tous leurs objectifs. Pleinement investis dans la mise en œuvre de ces deux résolutions, les experts en miracles génèrent des résultats extraordinaires, non simplement pour eux-mêmes mais pour tout le monde. Et dans la mesure où les miracles sont leur mode de vie, ils ne cessent de produire des résultats extraordinaires dans presque tous les domaines. Incarner les qualités et les caractéristiques d'un expert en miracles est le but ultime que vous atteindrez après avoir lu et mis en place les stratégies exposées dans cet ouvrage.

Le moyen le plus efficace de lire ce livre

Je sais que certains livres de développement personnel peuvent se lire par tranche. Vous pouvez sauter des parties et lire les chapitres qui vous plaisent et dans le désordre. Je connais des gens qui ferment les yeux, ouvrent leurs livres au hasard et lisent le chapitre sur lequel ils sont tombés. Ces livres vous donnent, à vous lecteur, un certain contrôle sur ce que vous estimez important à chaque fois que vous les ouvrez. Ces livres sont géniaux. Mais ce n'est pas le cas de celui que vous avez entre les mains.

Après cette introduction, les deux premiers chapitres posent les bases de la création de miracles tangibles et mesurables. Nous allons évoquer la nature des miracles (et ce qu'ils ne sont pas), puis nous survolerons l'équation du miracle et verrons en quoi les deux résolutions, une foi inébranlable et un effort extraordinaire, se nourrissent l'une l'autre et rendent cette méthode de plus en plus facile au fil du temps. Puis nous détaillerons l'histoire de mon premier miracle, la façon dont j'ai mis en place cette équation juste avant mon vingt-deuxième anniversaire et comment j'ai commencé à l'enseigner à une personne, puis à une autre, constatant (avec une certaine admiration) qu'elle fonctionnait pour eux comme pour moi.

Le reste de ce livre expose les concepts à intégrer avant de créer vos propres miracles et les différentes étapes pour y parvenir.

Nous allons voir :
- comment surmonter le conflit intérieur entre nos limites (dont nous souffrons tous) et notre potentiel inné sans limites ;
- comment devenir invincible sur le plan émotionnel afin de garder le contrôle de ses émotions, quelles que soient les embûches de la vie (cette stratégie est particulièrement utile lorsque nous estimons que nos efforts ne payent pas) ;
- à quoi sert vraiment de fixer un objectif ;
- comment choisir notre premier miracle (et le suivant) ;
- comment créer en permanence des miracles ;
- comment mettre toutes ces informations en pratique à l'aide de notre défi de l'équation du miracle en trente jours.

Je vous encourage à lire ce livre de la première à la dernière page, car les chapitres sont conçus pour s'enchaîner. Veillez à bien comprendre le contenu d'un chapitre avant de passer au suivant. Après cette première lecture, n'hésitez pas à revenir sur des chapitres selon les points que vous souhaitez approfondir. Je vous encourage tout particulièrement à relire les chapitres utiles si la création d'un miracle se trouve dans une impasse.

Tout en lisant, n'oubliez pas ces quelques éléments

1. Le Miracle Morning et l'équation du miracle peuvent aller de pair. Si vous n'avez pas lu *Miracle Morning,* pas de panique. La lecture de ce nouveau livre vous donnera les outils nécessaires pour mieux exploiter votre potentiel et vous construire une vie plus épanouissante. Vous apprendrez à enchaîner les résultats extraordinaires et mesurables (miracles) et finirez par y parvenir avec une relative facilité. Cela dit, le Miracle Morning vous aide à être lucide, calme et concentré avant de démarrer votre journée. Sans être réellement axé sur les résultats, cet exercice de développement personnel au quotidien a été éprouvé et vous aidera à devenir la personne qu'il vous faut être pour atteindre vos objectifs.

2. Certains concepts sont répétés plusieurs fois tout au long du livre. L'équation du miracle est simple à expliquer, mais un peu plus complexe à exécuter. J'ai pris le parti de présenter les concepts, puis d'y revenir à plusieurs reprises, de différentes manières, ce qui peut parfois donner une impression de répétition. C'est délibéré, afin de vous aider à intégrer et à garder à l'esprit les notions essentielles. Il est plus facile de mémoriser les informations que l'on a lues plusieurs fois.

3. Avec cet ouvrage, mon intention est d'élever la conscience de l'humanité, une personne à la fois. Comme indiqué au début de cette introduction, j'ai écrit

Miracle Morning afin de changer 1 million de vies, un matin à la fois. Une fois ce million de vies améliorées, j'ai compris que cet objectif, qui semblait jadis irréaliste et impossible, était non seulement réaliste mais pas assez ambitieux.

Avec ce livre, j'ai l'intention d'élever la conscience de l'humanité, une personne à la fois. Cela peut vous paraître très ambitieux (vous avez peut-être même levé les yeux au ciel), mais une fois cette lecture achevée, vous vous rendrez compte qu'aucune vision n'est démesurée. Lorsque chacun d'entre nous se met exploiter son potentiel illimité, notre conscience s'élève, ce qui influence la conscience de notre entourage et la fait progresser également. Et lorsque nous commençons à produire des miracles tangibles et mesurables, ces résultats ont un effet sur tous ceux qui profitent de leur influence. Au fil de la lecture, je vous invite à définir votre propre intention, dès lors que vous comprendrez qu'**aucune limite ne s'impose à vous et que vous êtes destiné à posséder, à être et à créer, quelle que soit votre décision**. Quelles lacunes voyez-vous dans le monde qui vous entoure ? Quelle contribution pensez-vous (peut-être partiellement) pouvoir apporter ? Quel est à vos yeux le miracle suprême ? Je vous promets qu'aucun objectif ne sera inatteignable.

Maintenant, au travail ! Notre première leçon consiste à clarifier la notion de miracle.

Chapitre 1

ÉLUCIDER LA NOTION DE MIRACLE

Du mythique au mesurable

Les miracles ne sont pas en contradiction
avec les lois de la nature,
mais avec ce que nous savons de ces lois.

Saint Augustin

Les miracles ont toujours quelque chose de mystérieux. Mais n'est-ce pas ce qui fait leur charme, ne pas savoir précisément comment des événements en apparence imperceptibles se sont parfaitement alignés pour sauver la vie de quelqu'un ou lui offrir la réalisation de son rêve le plus fou ? Cette nature mystérieuse pose le problème de notre mode de perception des miracles.

Un jour, j'ai vu une rubrique de l'émission *Today*[1] intitulée « Un parachutiste miraculé après une chute de 3 200 mètres », le parachute du moniteur de parachutisme Michael Holmes ne s'étant pas ouvert. Alors que le sol se rapprochait à une vitesse folle, il a essayé de libérer son parachute emmêlé, mais en vain. Il a tenté de couper la sangle, mais cela n'a pas fonctionné non plus. Dans un ultime effort pour éviter de mourir, il a déclenché son parachute de secours, mais rien ne s'est produit. Au cours des 250 derniers mètres de sa chute, il s'est résigné à accepter sa mort prochaine. Et, chose incroyable, il n'est pas mort. Et comparativement à la chute effectuée, ses blessures étaient plutôt légères.

1 *Today* est une émission matinale américaine diffusée sur NBC (N.D.E.).

Et connaissez-vous l'histoire de Donnie Register ? On en a parlé dans les médias sous le titre de « Miracle de Donnie » et Oprah.com[2] l'a même présenté en le qualifiant de « miracle de la vraie vie ». Donnie se tenait derrière la caisse de sa boutique d'antiquités lorsqu'un homme lui a tiré une balle en pleine tête. Donnie a levé les mains devant son visage. Et son alliance en or a dévié la balle, ce qui lui a permis d'échapper miraculeusement à une mort subite.

Au fil des ans, j'ai entendu et lu des histoires de rétablissement miraculeux chez des malades n'ayant apparemment rien fait d'autre que d'avoir gardé un immense espoir dans la guérison et des récits d'amoureux perdus de vue depuis longtemps dont les chemins se sont mystérieusement croisés plusieurs décennies après leur séparation. Tous ces récits sont fascinants et impressionnants.

En toute objectivité, on peut dire que ces histoires sont des miracles. Mais pour nombre de personnes (et vous en faites peut-être partie), ce sont des événements de ce genre qui font que les miracles ont mauvaise réputation. Ceux qui ne croient pas au miracle partent du principe que les événements extraordinaires n'arrivent qu'aux autres. Ils sont persuadés que tous les miracles sont insaisissables, mythiques, aléatoires, ne reposent que sur la chance, restent hors de portée, sont totalement irréalistes et imprévisibles et qu'ils ne se produisent tout simplement

2 Blog de Oprah Winfrey, célèbre animatrice et productrice de télévision (N.D.E.)

pas dans la vraie vie – ils sont au moins convaincus que ça ne leur arrivera jamais. C'était aussi mon sentiment, avant.

Si chacun d'entre nous pouvait imaginer et matérialiser un chèque à sept chiffres l'attendant dans sa boîte aux lettres, tout le monde ne serait-il pas millionnaire ? Les guérisons miraculeuses seraient la norme et ce client ou ce collègue difficile – vous savez, celui qui fait systématiquement grimper votre tension artérielle – eh bien... il disparaîtrait tout bonnement. Si vous faites partie de cette catégorie de gens qui doutent, vous êtes probablement comme saint Thomas, qui ne croit que ce qu'il voit.

Le scepticisme peut s'avérer salutaire. Vous faites ce que nous devrions tous faire : avoir l'esprit critique, évaluer et tout mettre en doute, rechercher la vérité. C'est ainsi que j'aborde les choses et je n'en attends pas moins de votre part.

Cependant, ce scepticisme présente un inconvénient potentiellement dévastateur dont nous devons tous avoir conscience et nous méfier : il peut se transformer en cynisme, nous amenant à un niveau de méfiance malsain et réduisant les possibilités qui s'offriraient à nous autrement. Comme vous l'apprendrez à la lecture de ce livre, il existe en réalité deux types de miracle et il n'est ni juste ni bénéfique de les confondre.

On peut qualifier les miracles décrits ci-dessus de miracles « passifs » ou « aléatoires », à savoir qu'ils se produisent par hasard. Nous nous émerveillons devant leur nature incroyable, mais il n'existe aucun moyen de les expliquer avec assurance, et encore moins de faire en sorte qu'ils se répètent (je suis certain que ce moniteur de parachutisme et Donnie Register ne souhaitent pas revivre leur expérience). On peut les considérer comme des coïncidences. Vous aimeriez créer ce genre de miracles, qui implique souvent de prier et d'attendre ? Je suis désolé de vous annoncer que je n'ai guère de conseils à vous donner. Ce n'est pas ce genre de miracle dont on va parler dans cet ouvrage.

Ce livre porte sur un type de miracles tangibles et mesurables qui impliquent votre participation active pour se matérialiser. Ils ressemblent plutôt à la réalisation de vos objectifs les plus imposants, les plus intimidants et improbables. Ce sont les miracles sur lesquels vous avez un contrôle. Cela signifie que vous êtes en mesure de les recréer en permanence au cours de votre existence, car vous savez comment fonctionne le processus. Mais pour produire ce genre de miracles, vous devez d'abord être certain que le résultat visé est possible et que *vous* êtes capable de le concrétiser. Si vous appartenez à la catégorie des sceptiques décrite ci-dessus, je vous conseille vivement de mettre votre incrédulité de côté, pendant un moment, afin de pouvoir explorer l'univers du possible, tout du moins pendant la phase de lecture de ce livre.

Je n'essaie pas là de vous convaincre de croire en quelque chose de déraisonnable. Je tente seulement de vous ouvrir l'esprit à l'idée d'une nouvelle situation, ce qui constitue en soi une seconde forme de miracle que vous avez le pouvoir de renouveler quand vous le souhaitez. Dans ce chapitre, nous allons définir la nature de ces miracles, tangibles et mesurables, puis nous examinerons leur processus de création afin que vous puissiez générer des résultats inhabituels. Il ne tiendra alors plus qu'à vous d'y croire ou pas.

Tout le monde peut faire des miracles

Dans ce domaine, il est utile de se poser certaines questions, comme : les miracles sont-ils réservés à des individus particuliers ou « élus » ? Les miracles sont-ils uniquement aléatoires ? Les miracles sont-ils l'œuvre de Dieu ou d'une autre forme d'intelligence supérieure et mystérieuse ? Naissons-nous avec un potentiel et des capacités illimités bien supérieurs à ce que nous croyons ? Et si c'était la raison pour laquelle certaines personnes connaissent une réussite folle – parce qu'elles ont compris comment exploiter ce potentiel dormant que chacun de nous possède en lui à la naissance ? Et si vous preniez conscience que vous n'êtes qu'à une ou deux décisions d'exploiter ce potentiel ?

Une telle prise de conscience modifierait votre façon d'appréhender la taille et la portée de vos objectifs et d'aborder votre existence. La barre s'en trouverait élevée à un niveau dont l'extraordinaire serait considéré comme la « moyenne ». Imaginez si vous et toutes les personnes que vous connaissez vous mettiez à exploiter tout votre potentiel, si chacun d'entre nous découvrait comment surmonter les limites que nous nous imposons et se mettait à concrétiser toutes ses attentes dans la vie tout en influençant de manière profonde le monde qui nous entoure. Et si nous devenions tous des experts en miracles ?

Qu'est-ce qu'un expert en miracles ?

Bien que le terme « miracle » possède plusieurs définitions, la plus utile pour nous est liée à un événement ou à un développement remarquable entraînant des conséquences heureuses.

En y réfléchissant bien, je suis certain que vous seriez en mesure de citer quelques personnes qui sont très près d'exploiter tout leur potentiel et qui semblent avoir le talent pour que leurs visions se concrétisent. Que vous les connaissiez personnellement ou les admiriez de loin, ces individus ne laissent personne (y compris eux-mêmes) les dissuader de mettre en œuvre leurs grandes idées. Ils semblent avoir une réserve de créativité et de persévérance illimitée. Les occasions se bousculent pour eux. Vous vous demandez peut-être pourquoi ils sont toujours aussi chanceux ou comment ils s'y prennent. Et si la chance ne jouait qu'un rôle minuscule, voire aucun rôle du tout, dans leur réussite ?

Dans l'histoire du monde, on observe de nombreuses personnalités qui ont produit intentionnellement des miracles tangibles et mesurables. Le président des États-Unis John F. Kennedy, qui avait prévu d'envoyer un homme sur la Lune, et le leader des droits civiques Martin Luther King, qui a imaginé un pays où règnent la liberté et l'équité pour tous, en sont des exemples remarquables. D'autres ont prié et attendu que ces résultats se produisent, mais ces deux-là ont pris les choses en main. Ils sont parvenus à rendre tangibles des idées en apparence impossible à réaliser. Ils sont restés accrochés à leurs convictions jusqu'au bout, ce qui leur a permis de rendre réelles des situations extraordinaires. Et en exploitant leurs capacités, ils sont devenus des experts en miracles.

Réussir cette expérience repose seulement sur une manière d'être. Lorsque vous êtes animé d'une foi inébranlable et que vous fournissez un effort extraordinaire, vous êtes un expert en miracles. Ces éminents experts viennent de tous les horizons, et leurs réalisations – comme les chemins qu'ils ont empruntés – sont de toutes sortes. En fait, vous en connaissez beaucoup, car leurs actions ont changé le monde. Voici des experts en miracles célèbres :

- Henry Ford, premier constructeur d'automobiles en série, qui a rendu la voiture accessible à tous ;
- Marie Curie, qui a découvert la radioactivité, a été la première femme à obtenir un prix Nobel, mais aussi la première personne à remporter ce prix à deux reprises ;

- Bill Gates, à l'origine de l'arrivée des ordinateurs personnels dans des milliers de foyers et de bureaux à travers le monde ;
- Amelia Earhart, la première femme à avoir effectué la traversée de l'Atlantique seule à bord d'un avion ;
- Neil Armstrong, le premier homme à avoir marché sur la Lune ;
- LeBron James, qui a offert un miracle à la ville de Cleveland en menant son équipe des Cavaliers à la victoire dans le championnat de la NBA, après plus de soixante ans d'insuccès dans l'un des quatre sports professionnels majeurs américains ;
- Michael Phelps, qui est devenu membre de l'équipe olympique américaine à 15 ans, puis a décroché 23 médailles d'or olympiques ;
- Steve Jobs, qui nous a permis de mettre des milliers de chansons dans la poche et fait du smartphone un objet ordinaire ;
- Elon Musk, le créateur de SpaceX (fusées spatiales) et de Tesla (voitures électriques) qui accomplit en permanence des miracles technologiques permettant à l'humanité de progresser.

Depuis le commencement du monde, des individus ordinaires ont franchi les limites de ce que l'on estimait possible. Ils ont, eux aussi, dû surmonter les peurs et les sentiments d'insécurité qui nous entravent tous. Nous sommes tous nés avec un potentiel illimité, mais ceux-là ont su l'exploiter. Et lorsque vous allez découvrir comment en faire autant, tout va changer pour vous.

Bien que le milieu de naissance varie d'une personne à l'autre, le potentiel humain illimité dont nous héritons tous en venant au monde est universel. En fait, il existe des tas d'histoires de personnes nées dans un environnement difficile, mais qui ont trouvé le moyen de transformer leur vie en quelque chose d'extraordinaire. Vous en connaissez peut-être certaines.

L'écrivaine J. K. Rowling était sur la paille et pratiquement indigente lorsqu'elle a écrit le premier volume d'*Harry Potter.* Cette saga littéraire a fini par devenir une franchise – plusieurs films à grand succès, des parcs à thème, des jouets, des vêtements, des jeux vidéo, etc. – et lui a assuré une place dans le club très fermé des milliardaires.

Jay-Z a grandi dans une cité pauvre de Brooklyn avant de devenir un rappeur de renommée mondiale et un homme d'affaires de poids. Son empire est constitué de biens immobiliers, de bars de sport, de vêtements, de boissons et de produits de beauté, entre autres.

Oprah Winfrey a eu une enfance faite de pauvreté et de maltraitance avant de devenir l'une des femmes les plus riches et les plus brillantes du monde. Elle s'est engagée aujourd'hui à ce que son succès profite aux autres et à aider les générations futures à sortir de la pauvreté. Elle a ainsi donné plus de 150 millions de dollars à des associations caritatives dont la mission est d'aider les jeunes filles défavorisées.

L'acteur Sylvester Stallone s'est retrouvé sans domicile fixe pendant de brèves périodes avant qu'il n'explose dans *Rocky* (film qu'il a également écrit) à l'époque où il jouait de petits rôles au cinéma. *Rocky* est devenu l'une des franchises les plus fructueuses de tous les temps.

Je pourrais enrichir cette liste d'autres exemples de la vie réelle et en faire tout un livre. J'espère que vous prenez conscience que ce ne sont pas les circonstances extérieures qui vous freinent, tout comme ce n'est pas votre passé qui dicte votre avenir. Vous allez devoir commencer par imaginer votre futur idéal, le voir clairement, avant d'ancrer en vous l'idée que cette possibilité est plausible (nous allons passer beaucoup de temps, dans les pages suivantes, à traiter de la manière précise de procéder). Puis vous devrez ensuite progresser vers la concrétisation de cet avenir. C'est ce qu'ont fait les personnes mentionnées ci-dessus. Elles ont décidé que ce qu'elles désiraient était possible, elles ont compris ce dont elles avaient besoin pour le rendre probable, puis ont continué à tout donner jusqu'à ce que leur succès devienne inévitable. Vous êtes parfaitement capable de faire la même chose.

N'oubliez pas, l'objectif auquel vous décidez de vous attaquer ne doit pas obligatoirement changer le monde. Il peut avoir de l'envergure ou être modeste, facile ou complexe. L'essentiel est sa valeur à vos yeux. Et c'est cette valeur qui vous va vous motiver.

*

Dans *Miracle Morning,* j'ai décrit le concept du succès, celui auquel on donne la note 10, qui est tout simplement l'idéal auquel nous aspirons tous dans la vie. Si vous deviez évaluer votre réussite dans n'importe quel domaine sur une échelle de 1 à 10, vous aimeriez probablement décrocher un 10 dans chaque domaine. Une santé de niveau 10, un bonheur de niveau 10, des moyens financiers de niveau 10, et ainsi de suite. Cependant, dans la mesure où le potentiel humain est illimité, l'objectif n'est pas forcément de viser le 10, mais simplement de se réveiller chaque matin pour consacrer du temps à devenir une meilleure version de la personne que vous étiez la veille au coucher. Lorsque vous vous attacherez chaque jour à exploiter votre potentiel illimité et à viser la note 10 dans chaque domaine de votre vie, les occasions se bousculeront et vous découvrirez la source du véritable épanouissement.

Lorsque nous tentons d'atteindre la note 10, la difficulté consiste à trouver l'équilibre entre être heureux de la situation actuelle et le désir humain, inné, de grandir et de progresser. Il est capital de ne pas penser *Je ne suis pas assez bon,* mais plutôt de se dire *Je n'ai pas de limites et je peux donner plus.* C'est une différence subtile, mais radicale, que les experts en miracles ont érigée en principe.

Les experts en miracles se classent à part, car ils aspirent toujours à atteindre un niveau plus élevé que la note 10 du succès. Ils croient en eux dur comme fer et s'attendent à ce que leurs souhaits deviennent réalité. Mais leur quête n'est pas passive. Ils ne se limitent pas à fixer au mur un tableau visuel des objectifs ni à répéter distraitement des affirmations positives pour se demander ensuite pourquoi rien ne se produit. Lorsque vous vivez dans la peau d'un expert en miracles, vous pensez et agissez différemment de la majorité des gens.

Tandis que la plupart des personnes prennent l'habitude de laisser la peur et le doute envahir leur esprit, les experts en miracles choisissent de dépasser la peur à l'aide de leur foi en eux-mêmes. À la base, ils sont sûrs d'avoir la capacité à réussir tout ce qu'ils entreprennent et ils sont également disposés à accepter la situation lorsqu'ils n'y parviennent pas et à passer rapidement à autre chose. Ils peuvent ainsi s'enrichir de plus d'expérience. Cela passe parfois par des revers, mais il n'en demeure pas moins que leurs chances de succès sont plus grandes.

Simon Sinek[3] a exprimé un sentiment similaire lorsqu'il a dit : « Les champions ne sont pas ceux qui remportent toutes les courses, mais ceux qui enchaînent les tentatives en redoublant d'efforts d'une fois sur l'autre… Être un champion est un état d'esprit. Ils sont entièrement dévoués à leur but. Ils concourent autant, sinon plus, pour se dépasser eux-mêmes que pour vaincre les autres. »

Les experts en miracles se comportent eux aussi différemment. Ils ont bien compris qu'il leur faut fournir des efforts pour obtenir des résultats. Ils n'optent pas pour la

---

3 Conférencier britannique et auteur de livres sur le développement personnel.

facilité et sont prêts à faire le nécessaire pour obtenir ce qu'ils souhaitent. Cependant, ils prônent également l'efficacité et sont toujours en phase d'apprentissage, recherchant les astuces, les trucs et même les raccourcis pour parvenir plus rapidement au but.

Je sais cela d'expérience et non uniquement grâce à mes observations. Vous verrez plus tard comment j'ai employé l'équation du miracle afin de remarcher après avoir été considéré comme quasi mort dans un accident de voiture, comment j'ai renversé ma situation financière après être passé près de la faillite et comment j'ai survécu à un pronostic pessimiste après un diagnostic de cancer. Je n'ai rien fait d'autre qu'adopter les deux résolutions sur lesquelles repose ce livre et m'y tenir.

La décision de faire des miracles ne tient qu'à vous

Les livres de développement personnel ont donné d'innombrables réponses aux obstacles qui nous empêchent de vivre l'existence rêvée : nos habitudes, nos croyances, notre cercle d'influence, notre niveau de confiance, notre énergie, la loi de l'attraction, la gestion du temps, l'intelligence émotionnelle, notre éducation ou manque d'éducation. Tout cela est un peu écrasant. Cependant, je suis sûr que nous pouvons simplifier des centaines de réponses avec deux décisions très simples qui vont faire ou défaire votre succès, et déterminer si vous vivrez le reste de vos jours dans la peau d'un expert en miracles.

Il est deux décisions que nous refusons consciemment et constamment de prendre et qui nous empêchent d'accomplir ce que nous souhaitons. Les voici : la décision de conserver une foi inébranlable et celle de fournir un effort extraordinaire. Ce qui nuit à la matérialisation d'une existence pourtant ardemment souhaitée, c'est l'absence de foi en ses propres capacités et le manque d'effort. C'est tout. Et nombre de personnes ne manifestent ni l'une ni l'autre.

Je me rends bien compte que cela paraît simple – peut-être même trop simple. Mais explorons ces options.

Décision 1 : se forger une foi inébranlable. Bien que vous puissiez désigner la foi sous un autre terme (croyances, confiance ou conviction), en deux mots, ceux qui s'offrent une existence extraordinaire y parviennent en se forgeant la conviction d'en être capables. Et ils continuent de renforcer et de maintenir cette foi jusqu'à ce que le fruit de leur désir apparaisse. Leur foi est ainsi *inébranlable.*

Cela va à l'encontre de la nature humaine, qui veut que notre foi ait tendance à être influencée par les situations et par nos résultats passés et présents. Se forger une confiance totale dans l'idée que vous pouvez surmonter quelque chose et l'accomplir pour la première fois demande que vous vous aventuriez hors de votre zone de confort. Cela implique de vous considérer comme meilleur que jamais et d'imaginer une éventualité qui vous ne semble pas forcément possible. Mettre en place une telle foi n'est ni normal ni naturel et certainement pas automatique. Avoir foi en des capacités illimitées requiert de décider en toute conscience et délibérément qu'il en soit ainsi.

Conserver cette foi n'est pas non plus naturel. Presque toutes les réalisations qui en valaient la peine ont été obtenues au prix d'une myriade d'obstacles et d'échecs. Pour nombre de personnes, les obstacles et les échecs font vaciller leur foi et interrompent leur quête, ce qui nous conduit vers la seconde décision à prendre pour produire des miracles : fournir un effort extraordinaire.

L'équation du miracle en action

Rob Dial a été l'un de mes premiers clients en tant que coach, en 2006. Depuis, il est devenu un ami et un collègue. Il a remarquablement utilisé l'équation du miracle, non seulement pour s'offrir une liberté financière, mais également pour influencer le monde avec force.

Chaque année, mon ami et associé depuis longtemps Jon Berghoff (que vous découvrirez plus loin) et moi-même accueillons le Best Year Ever (Blueprint), événement qui fait suivre aux participants un processus révolutionnaire destiné à ce que les douze prochains mois soient littéralement les douze meilleurs mois de leur existence. C'est au cours de l'un de ces événements que Rob s'est rendu compte que sa raison d'être dans la vie était d'apprendre aux gens à se libérer des souffrances qu'ils avaient eux-mêmes créées en se privant d'exploiter leur potentiel. Peu après cette prise de conscience, il a démarré son premier podcast et, huit semaines plus tard, son site comptabilisait plus de 100 000 téléchargements. Rob était transporté de joie, mais il avait encore un métier qu'il adorait et qui lui offrait un salaire à six chiffres. Il savait qu'il ne pouvait mener les deux de front. Il s'est donc servi de la foi inébranlable qu'il avait en lui-même et en sa mission pour quitter son poste et se consacrer pleinement au but de sa vie.

L'effort extraordinaire qu'il a déployé lui a permis de créer un contenu que les gens adorent et partagent. En quatorze mois, il a développé un réseau social auquel ont adhéré plus d'un million de personnes. Rien qu'en 2017, les vidéos et les contenus qu'il a mis en ligne sur sa page Facebook ont bénéficié de plus de 500 millions de vues. En quatorze mois, il a pu remplacer le salaire à six chiffres de son ancien poste par une rémunération annuelle supérieure de 300 %. Rob a récolté les fruits de l'application de l'équation du miracle et il est devenu un véritable expert en miracles.

Décision 2 : déployer un effort extraordinaire. Bien que vous puissiez trouver tout un éventail de synonymes pour remplacer le terme « effort » (« travail », « productivité » ou « action »), ceux qui atteignent des objectifs importants et dont l'existence peut bénéficier de la note 10 y parviennent en fournissant les efforts nécessaires (et généralement **extraordinaires**) jusqu'à ce que les résultats escomptés se matérialisent. Vous apprendrez dans un autre chapitre qu'« effort extraordinaire » n'est pas forcément synonyme de « travail acharné ». Mais cela demande de l'énergie. La dimension **extraordinaire** de l'effort, c'est qu'il s'inscrit dans la durée. Et sans cet effort extraordinaire, il vous manque le carburant pour alimenter votre foi.

Malheureusement, ce type d'effort va à l'encontre de notre nature. Nous optons souvent pour un plaisir à court terme au détriment d'un succès et d'un épanouissement à long terme. Il s'ensuit que nous fournissons les efforts minimaux pour rester dans notre zone de confort. Cela nous empêche d'opérer des choix justes, car la solution de facilité est bien plus… aisée.

La nature humaine confine la majorité de nos concitoyens dans des situations qui consistent à gagner suffisamment d'argent pour ne pas perdre son toit, mais pas assez pour progresser. Nous consommons des aliments uniquement en fonction de leur goût et de leur texture, lesquels nous offrent des moments de plaisir éphémère, mais nous empêchent de mener une existence en étant armés d'une santé et d'une énergie remarquables. Nous nous accrochons à des emplois que nous jugeons peu épanouissants dans des entreprises qui nous apportent ce que nous percevons comme une certaine sécurité financière, au lieu de poursuivre des objectifs et des rêves qui nous permettraient de faire fortune et de jouir de la liberté financière que nous souhaitons tous.

J'ai bien conscience que je vous demande de prendre deux décisions qui vont à l'encontre de votre instinct primaire. Si jamais vous vous demandez comment défier votre nature humaine, soyez patient. Nous allons étudier ensemble la méthode à employer pour contourner cet instinct de façon à ce que ces décisions deviennent, à la longue, automatiques et naturelles.

La boucle de rétroaction d'une foi inébranlable et d'un effort extraordinaire

Nous sommes tous passés par là. Nous sommes tous enthousiastes vis-à-vis d'un nouvel objectif. Nous avons en tête une vision claire de l'effet que produira sa réalisation. Nous savons précisément comment faire pour y parvenir et sommes persuadés que c'est possible. Nous prenons les premières mesures et nous observons les premiers progrès en affichant une vitesse de croisière tranquille quand, soudain… un *bruit sourd.*

Nous venons de heurter un obstacle inattendu. Les résultats n'apparaissent pas aussi vite que nous l'espérions.

Vous n'avez peut-être aucun retour après l'envoi de tous vos CV, votre patron vous a placé sur un nouveau projet alors que vous envisagiez d'utiliser votre temps libre pour faire de l'exercice physique ou créer votre propre blog, ou vous venez de lancer votre nouveau produit, mais les ventes ne se font pas au rythme attendu. C'est dans ce genre de situation qu'il est difficile de s'accrocher à l'équation du miracle. Plus l'obstacle est imposant, plus il est possible que vous cédiez au découragement. Vous êtes alors vraiment tenté de bazarder cette équation et de revenir à la « vie comme vous la connaissez ».

Lorsque les résultats attendus (ou plutôt souhaités) ne viennent pas, il est naturel que votre foi vacille. Dès que vous avez perdu la foi, l'effort nécessaire pour atteindre votre objectif disparaît dans la foulée. Je suis certain que vous vous êtes posé la question suivante à une ou deux reprises : à quoi bon essayer puisque je ne juge pas probable l'accomplissement de mon objectif ?

La foi inébranlable et l'effort extraordinaire font chacun leur part du travail et se soutiennent mutuellement. Au lieu de les considérer comme deux champs d'action distincts, il est plus réaliste de les voir comme un cercle ou une roue. Ils œuvrent de concert. Lorsque vous rendez inébranlable votre foi en votre capacité à atteindre un objectif, vous créez la motivation inérieure nécessaire pour passer à l'action, à savoir fournir un effort extraordinaire. Cet effort entretient alors le sentiment que le jeu en vaut la chandelle, ce qui renforce alors votre foi. Lorsque vous êtes axé sur les deux, l'équation fonctionne. Mais si vous perdez le cap de l'un des deux éléments, le processus s'arrête brusquement. Il s'opère une rétroaction entre eux. Lorsque vous abordez votre existence, vos objectifs, vos rêves et même votre vie amoureuse, armé d'une foi inébranlable tout en produisant un effort extraordinaire, la boucle continue de tourner. C'est ainsi que vous parvenez à reproduire des miracles à l'envi. Et vous vivez alors votre existence dans la peau d'un expert en miracles.

Redonner du mystère aux miracles

Je sais. Nous venons tout juste d'éliminer la dimension mystérieuse des miracles. Eh bien, nous allons maintenant en réintroduire un soupçon. Parce que lorsque vous surmontez réellement la peur et le doute de soi grâce à une foi inébranlable et que vous vous débarrassez d'habitudes improductives ou d'une tendance à la paresse qui vous empêchait de fournir un effort extraordinaire, vous exploitez immédiatement toutes vos capacités et commencez à repérer autour de vous des occasions et un certain synchronisme. Voir se produire ce que vous avez envisagé deviendra une seconde nature. De l'extérieur, cela s'apparente souvent à de la chance.

Les gens observent les experts en miracles avec admiration et parfois avec une certaine envie en se disant : *Bon sang, tout roule pour eux. Ils ont vraiment de la chance !* Les personnes très religieuses ou ayant des croyances spirituelles bien ancrées attribueront probablement cette réussite à Dieu ou à un autre pouvoir supérieur. Les sceptiques rangeront cela au rang de la pure coïncidence.

Appelez cela comme vous le souhaitez, attribuez le mérite à qui vous voulez, mais ne remettez pas en cause ce succès. Adhérez-y. Percevez la vérité et la simplicité qui le caractérisent. Et n'oubliez pas que lorsque vous vous apprêtez à réaliser un rêve immense ou à produire un résultat extraordinaire (à savoir un miracle), vous ne pouvez connaître à l'avance la nature du périple qui vous y conduira. Sachez simplement que l'aventure englobera toutes sortes d'itinéraires inattendus, de difficultés, de relations et d'enseignements qui vous guideront vers de nouvelles occasions, qui à leur tour en feront surgir d'autres, grâce aux leçons que vous en aurez tirées.

Vous ne pouvez prédire quand et comment la chance se manifestera. Mais soyez certain que plus vous vivrez en accord avec l'équation du miracle, plus la chance vous sourira. Plus vous souhaiterez vous investir et plus vous tenterez de créer des miracles en fournissant un effort extraordinaire et en conservant une foi inébranlable dans la durée, plus des ressources imprévisibles et inestimables se manifesteront. Et on commencera alors à *vous* regarder en pensant : *Bon sang, tout roule pour lui (elle). Il (elle) a vraiment de la chance !*

Je vous dis cela d'expérience, en m'appuyant sur la mienne et sur celle de toutes les personnes que vous allez rencontrer dans ce livre. Lorsque vous vivez en accord avec l'équation du miracle, les miracles – c'est-à-dire des résultats au-delà de ce que vous imaginiez possible – commencent à se produire, et presque toujours de manière inattendue. Les forces et ressources invisibles situées au-delà de votre champ de conscience actuelle, que vous n'auriez jamais pu prévoir ou planifier, contribuent alors à la création de chaque miracle. Elles apparaissent souvent sous la forme d'occasions, de personnes inattendues ou par le simple fait de vous retrouver au bon endroit au bon moment.

J'entends déjà d'ici votre petite voix sceptique. *Voyons, Hal, des forces et des ressources invisibles situées au-delà de notre champ de conscience actuelle ?* Je comprends. C'est un peu « étrange ». Quand bien même, il s'agit d'un cap à franchir, celui-là même que tout expert en miracles a dépassé à un moment de sa vie et qui fait que nous entendons en permanence des personnes attribuer en partie leur réussite à la « chance ». Il est parfois nécessaire de croire en ce que vous ne pouvez pas voir. Je vous invite à avoir foi en la magie et à croire aux miracles de la vie, réservés à ceux qui se donnent la peine de vivre cette expérience.

Comme indiqué plus haut, l'équation du miracle est facile à expliquer, mais peu de personnes comprennent comment la mettre en œuvre. Les deux décisions, une foi inébranlable et un effort extraordinaire, ne sont pas difficiles à cerner et produisent des résultats stupéfiants lorsqu'elles sont associées et entretenues dans la durée. Cependant, la mise en œuvre de ces deux décisions est tout sauf simple, car elle nécessite que nous luttions délibérément contre nos tendances naturelles, à la fois innées et acquises. Voilà pourquoi un pourcentage relativement modeste de gens comprennent comment appliquer cette formule afin de générer des résultats extraordinaires et pourquoi un groupe encore plus restreint s'est montré capable de le faire à de nombreuses reprises.

C'est ce petit groupe d'experts en miracles que je vous invite à rejoindre, un groupe au sein duquel la foi inébranlable est devenue le mode de pensée par défaut et l'effort extraordinaire est devenu ordinaire et automatique. Vous connaissez désormais les éléments nécessaires à la production d'un miracle tangible et mesurable. À vous de décider si vous souhaitez aller plus loin et découvrir comment appliquer ces principes.

Dans le chapitre suivant, je vais vous raconter comment je suis tombé sur l'équation du miracle et ai créé mon tout premier miracle tangible et mesurable, et comment je me suis mis à apprendre aux autres à faire de même. Penchons-nous maintenant sur la genèse de cette idée.

Chapitre 2

DE L'IMPOSSIBLE… À L'IMPROBABLE, PUIS À L'INÉVITABLE

Comment j'ai découvert l'équation

Si vous souhaitez prospérer et atteindre
un niveau extraordinaire,
vous devez abandonner vos anciens schémas
et concevoir une nouvelle manière de penser
et de vous projeter dans la vie.

DR WAYNE DYER

Je sais, nous n'en sommes qu'au chapitre 2, mais j'ai déjà un aveu à vous faire : je n'ai pas inventé l'équation du miracle. Ce livre aurait pu être écrit il y a plusieurs siècles et non par moi, bien entendu. Je n'étais pas là, à l'époque. Mais il aurait pu être l'œuvre de n'importe quel autre expert en miracles. Pour clarifier les choses, j'ai simplement identifié la formule et baptisé ce qui était déjà une équation du miracle. À vrai dire, cette formule a été utilisée à travers l'histoire par les créateurs et les individus les plus prolifiques, et ce, dans tous les domaines. Ils ne lui ont tout simplement donné aucun nom.

Étant enfant, lorsque je regardais mon joueur de basket préféré, Michael Jordan, évoluer sous les couleurs des Chicago Bulls, je n'ai jamais entendu le coach Phil Jackson se tourner vers son équipe au cours du quatrième quart-temps et dire, « Scottie “Pippen”, tu vas donner la balle à Michael. Michael, tu vas faire semblant de partir à gauche, transpercer la défense, appliquer l'équation du miracle et remporter le match ! » De même, personne n'a jamais entendu Martin Luther King prêcher l'utilisation de l'équation du miracle afin de faire progresser le mouvement des droits civiques des Noirs, ni lu qu'Elon Musk se sert de l'équation pour que son projet de créer une ville habitable sur Mars devienne réalité.

Cependant, qu'ils en aient ou non conscience, l'équation du miracle est la formule dont chacun s'est servi ou se sert pour obtenir un résultat extraordinaire. Le fait de vivre en accord avec cette équation vous permettra d'exploiter vous aussi votre capacité à décrocher une note 10 dans n'importe quel domaine de votre vie. Impossible qu'il en soit autrement !

*

L'équation du miracle est née de mon désir d'atteindre un objectif commercial sans précédent, que j'estimais probablement impossible, mais que je souhaitais *vraiment* atteindre. J'ai fondamentalement lutté contre ma tendance naturelle à opter pour la solution de facilité et décidé de foncer sur l'itinéraire le plus ardu. Du même coup, j'ai tiré l'un des enseignements de vie les plus précieux qu'il m'ait été donné d'analyser.

Je vais planter le décor de la naissance de l'équation du miracle.

Après l'université, j'ai accepté un poste de représentant chez Cutco, qui commercialisait des couverts haut de gamme par le démarchage à domicile. Lorsque j'ai commencé, je n'avais aucune expérience commerciale et, dans mon existence, j'étais habitué à évoluer dans le vide situé entre la moyenne et une médiocrité gênante. J'avais été un étudiant moyen, je n'avais jamais pratiqué un sport collectif, jamais fait partie d'aucun club, j'avais été harcelé à l'école et je n'avais qu'un record à mon actif, obtenu au lycée de Yosemite, celui du plus grand nombre d'heures de colle en une année scolaire, qui s'élevait, si vous voulez savoir, à 178 heures – pas vraiment le genre d'exploit dont mes parents pouvaient être fiers.

Avec le soutien et les leçons données par des leaders et mentors incroyables de Cutco, a commencé à poindre en moi un niveau de confiance (et de compétence) sans précédent. Je me suis forcé à redoubler d'efforts. J'ai tenté d'atteindre des objectifs plus élevés. Dans l'ensemble, je me suis retrouvé doté de capacités sacrément plus élevées que je ne l'avais estimé possible. J'ai rapidement fait partie des meilleurs commerciaux de l'entreprise.

Je me suis investi à fond en battant des records de ventes au cours de périodes de concours qui durent quatorze jours. Dans l'univers de Cutco, l'entreprise favorise alors une concurrence amicale au sein de sa force de vente. Le principe consiste à encourager les milliers de commerciaux et de managers en leur attribuant des trophées et des prix afin que les commerciaux, les antennes locales et l'entreprise battent des records de ventes. C'est durant l'une de ces périodes que le déclic s'est produit pour moi et qu'est née l'équation du miracle.

La période de concours devenue miracle

En février 2001, à l'âge de 21 ans, j'ai enchaîné deux périodes de concours à 20 000 dollars, exploit seulement réalisé par une poignée de commerciaux au cours des cinquante-deux ans d'existence de l'entreprise. Alors que la période suivante approchait, je me suis préparé pour devenir le premier commercial à atteindre la barre des 20 000 dollars trois fois de suite.

Un matin, à 10 heures, je suis entré dans l'agence de Fremont, en Californie, pour remettre mes commandes de la semaine précédente.

« Mon pote Hal ! », s'exclame Frank Ordoubadi, mon directeur commercial, dans le hall d'entrée en me tapant dans la main avec enthousiasme. « Tu es prêt pour cette période de concours ? »

Je pris une inspiration profonde, pinçai les lèvres et expirai de manière exagérée en écarquillant les yeux. « Je suis prêt… et disposé à en découdre, Frank. Je vais essayer d'établir le nouveau record. J'ignore comment, mais il me faut trouver un moyen de vendre pour 20 000 dollars au cours des quatorze prochains jours. »

« Ouah ! » Frank me fit un grand sourire. « Tu te rends compte que tu seras la première personne à atteindre cet objectif trois fois de suite ?! »

J'opinai du chef. « Je sais. Je suis super nerveux. »

Frank afficha une mine sérieuse. « Maintenant, tu as bien conscience que cette période de concours ne dure que dix jours, n'est-ce pas ? Dans la mesure où la date de la conférence a été avancée, nous ne disposons pas de quatorze jours comme d'habitude. »

Je fixai Frank pendant un moment. « Tu plaisantes, là ? »

« Désolé, Hal », me dit-il avec une expression contrite. « Je pensais que tu étais au courant. »

« Mais attends une minute, ça signifie que cela ne comptera pas techniquement comme une période de concours normal, en termes de records et de classement ? » À cet instant, j'espérais vraiment que cette période écourtée ne compte pas afin de pouvoir tenter d'établir le record lors de la période de quatorze jours suivante.

« Non, malheureusement, cette période compte au même titre que les autres. »

Un certain découragement s'empara de moi. J'avais passé les dernières semaines à me conditionner mentalement pour effectuer 20 000 dollars de ventes en quatorze jours, ce qui n'était pas une mince affaire. À la perspective de devoir atteindre le même objectif en dix jours seulement, mon sentiment oscillait entre l'inutilité et le caractère impossible de la mission.

Une épiphanie au milieu de la nuit

Cette nuit-là, je me suis tourné et retourné dans mon lit tout en envisageant les options qui s'offraient à moi.

Vendre pour 20 000 dollars en dix jours dépassait tout ce que j'avais réussi jusqu'alors. Je me suis dit que je devrais peut-être baisser mon objectif à 15 000 dollars, 10 000 dollars ou bien aller jusqu'au bout ? La peur et le doute se bousculaient dans mon esprit. *Comment vais-je faire pour atteindre cet objectif ?*

Alors que le doute s'intensifiait, les choses devinrent tout à coup claires. Je me souvins d'une leçon que l'un de mes mentors, Dan Casetta, m'avait enseignée et qu'il tenait de l'auteur et philosophe contemporain Jim Rohn. J'entendis la voix de Dan dans ma tête : « La raison d'être d'un objectif n'est pas d'être atteint, c'est de devenir le type de personne capable d'atteindre n'importe quel objectif, en s'investissant à fond dans l'entreprise, quels que soient les résultats obtenus. *L'individu que vous devenez* par ce processus est plus important qu'atteindre l'objectif lui-même. »

Hum. Je laissai cette idée imprégner mon esprit pendant une minute. Bien évidemment, Dan et moi en avions discuté par le passé, mais ce principe semblait désormais avoir une signification plus profonde. Je me suis dit : *Et si je ne revoyais pas mon objectif à la baisse ? Bien que vendre 20 000 dollars en dix jours semble impossible, et si je m'en tenais à cet objectif en m'investissant à fond, quels que soient les résultats obtenus ? Est-ce que cela m'aiderait à devenir la personne que j'ai besoin d'être pour atteindre tous mes futurs objectifs ?* Si je m'engageais à vendre pour 20 000 dollars en donnant tout, quel que soit le résultat, et que l'issue la plus importante n'était pas l'objectif proprement dit, mais la personne que je deviendrai en essayant de l'atteindre, je ne pouvais absolument pas échouer. *D'accord !* Je décidai d'opter pour l'objectif de 20 000 dollars en dix jours.

Je m'assis sur le lit et allumai ma lampe de chevet. Mon cerveau bouillonnait d'idées. Je devais trouver comment faire en sorte d'atteindre cet objectif pratiquement impossible.

À minuit, dans mon lit, je me projetai à la fin de la période de dix jours qui s'annonçait et me demandai : *Si j'avais déjà vendu pour 20 000 dollars de produits, qu'aurais-je dû faire entre maintenant et le début de cette période ?*

Comme l'échéance était très rapprochée, je savais que ma peur de l'échec allait s'intensifier. Je me demandai comment combattre cette peur. Le plus simple était de me convaincre que j'étais capable d'atteindre cet objectif et que ma conviction devait tenir jusqu'à ce que ce soit vraiment le cas. Je devrais donc me répéter sans cesse que j'étais capable d'y parvenir, même et surtout à la fin d'une journée moyenne ou sans résultats.

Cette conviction initiale se transforma en une foi inébranlable.

Puis, je me suis demandé pourquoi l'envie de poursuivre diminuait quand mes résultats baissaient et j'ai compris que c'était parce que je me mettais alors à douter qu'il soit possible d'atteindre les objectifs. Il me faudrait donc tout donner jusqu'au bout pour lutter contre cette paralysie, quels que soient les résultats obtenus en cours de route. Il me faudrait garder un niveau élevé d'implication tout du long.

Cet engagement devint l'effort extraordinaire.

Je pris alors deux décisions auxquelles je savais devoir me conformer tout au long du concours.

> **Décision 1** : je vais me forger une confiance inébranlable en ma capacité d'atteindre un objectif de 20 000 dollars de ventes au cours de la période de concours et la garder, quoi qu'il advienne… il n'y a pas d'autre option.
>
> **Décision 2** : je produirai chaque jour un effort extraordinaire jusqu'au tout dernier moment, quels que soient les résultats obtenus en cours de route.

J'attrapai le calepin posé sur ma table de chevet et inscrivis dessus ces deux décisions afin de renforcer mon engagement. Puis je les associai en une seule phrase pour en faire un mantra facile à retenir et à me répéter chaque jour : « Je m'engage à garder une foi inébranlable en ma capacité à vendre pour 20 000 dollars de produits pendant le concours et à fournir un effort extraordinaire jusqu'à ce que j'y parvienne, quoi qu'il advienne… il n'y a pas d'autre option. »

J'avais encore peur et pour être honnête (c'est une chose importante à comprendre lorsque vous ferez votre équation du miracle), je n'étais, en fait, pas convaincu, à cet instant, de pouvoir réaliser ce chiffre d'affaires dans les dix jours qui suivaient. Je croyais certes que c'était possible, mais peu probable. Nos plus grands objectifs ne sont généralement pas probables, ce qui en fait, *in fine*, des miracles. Je m'engageais tout de même à tout donner.

Le calcul était simple. Si je voulais vendre pour 20 000 dollars de produits en dix jours, il me fallait réaliser en moyenne 2 000 dollars par jour. Cela signifiait qu'au bout des sept premiers jours, je devais avoir dépassé les 14 000 dollars de ventes. Avais-je déjà vendu pour 2 000 dollars par jour auparavant ? Bien sûr. Et j'avais toujours fêté cela, car c'était à la fois une journée excellente et plutôt rare. J'estimais que le chiffre de 2 000 dollars en une journée était quelque peu chanceux. Alors, y parvenir *chaque jour, dix jours de suite,* serait un exploit.

Lorsque je démarrai cette période de concours, la chance n'était vraiment pas au rendez-vous. La première semaine, ce furent les montagnes russes et je la terminai en me situant à 50 % du but. Avec seulement 7 000 dollars de vente et uniquement trois jours pour accomplir le reste, je me trouvais dans la position que je redoutais au départ. Mais je n'allais pas diminuer mon objectif. Je m'étais engagé à tout donner jusqu'au dernier moment, quoi qu'il arrive. Alors que la fin du concours était dans trois jours, je me préparai à mon premier rendez-vous de la journée. Je répétai mon mantra au volant de ma voiture : « Je m'engage à conserver une foi inébranlable en ma capacité à vendre pour 20 000 dollars de produits pendant la période de concours et à fournir un effort extraordinaire jusqu'à ce que j'y parvienne, quoi qu'il advienne... il n'y a pas d'autre option. » Il est intéressant de noter que, plus je le répétais, plus j'y croyais. »

Six présentations Cutco plus tard, je terminai la journée avec plus de 3 000 dollars de chiffre d'affaires ! Cela signifiait que j'étais désormais à plus de 10 000 dollars pour cette période de concours. Ce jour-là me donna un coup de fouet bien utile et je sentis un réel regain d'énergie. Je me garai, puis sortis le carnet dans lequel figuraient toutes les indications de clients afin de passer des coups de fil. Il était 19 heures, soit le moment idéal pour appeler. Je mis de côté mon inquiétude sur la façon dont j'allais m'y prendre pour faire 10 000 dollars de ventes dans les deux jours suivants et choisis de me concentrer sur les appels téléphoniques à passer.

Les deux jours suivants se déroulèrent d'une manière très similaire. Je fis 3 238 dollars le mardi et 4 194 dollars le mercredi, ce qui m'amenait à un total de 17 024 dollars pour la période. Je me sentais inspiré, mais dans la mesure où notre équipe devait se retrouver le lendemain matin à 7 heures pour se rendre en voiture à San Francisco pour la conférence, j'étais également à court de temps.

Vraiment ?

Comme je n'étais pas disposé à baisser les bras si près d'un objectif, j'appelai Frank et lui demandai l'autorisation de ne pas partir avec l'équipe afin de pouvoir caser deux autres rendez-vous avant la conférence. Convaincu par mon enthousiasme, il accepta.

Je sortis immédiatement mon carnet de clients et commençai à passer des coups de fil. Quarante minutes plus tard, mes deux rendez-vous étaient programmés pour le lendemain matin. Même si réussir à atteindre les 3 000 dollars restants en seulement deux rendez-vous était improbable, même irréaliste pour bon nombre de personnes, c'était vraiment possible. En prime, je serais accompagné de mon excellent ami et collègue Adam Curchack. Il m'avait appelé ce soir-là pour me dire qu'il serait en ville et m'avait demandé s'il pouvait venir avec moi le lendemain à mes rendez-vous.

Le lendemain matin, Adam me retrouva et nous nous rendîmes ensemble en voiture chez mon premier client. J'étais une vraie boule d'énergie nerveuse ! Était-ce vraiment possible ? Alors que nous roulions sur l'autoroute, je baissai la vitre. Oubliant qu'Adam était à côté de moi, je répétai à plusieurs reprises mon mantra à voix haute : « Je m'engage à conserver une foi inébranlable en ma capacité à vendre pour 20 000 dollars de produits pendant la période de concours et à fournir un effort extraordinaire jusqu'à ce que j'y parvienne, quoi qu'il advienne… il n'y a pas d'autre option. Je m'engage à conserver une foi inébranlable en ma capacité à vendre pour 20 000 dollars de produits pendant la période de concours et à fournir un effort extraordinaire jusqu'à ce que j'y parvienne, quoi qu'il advienne… il n'y a pas d'autre option. » Plus je le répétais, plus j'y croyais. Adam éclata de rire. Il trouvait mon mantra énergique et amusant.

Je m'arrêtai dans l'allée de Mme Hammerling à 7 h 58. J'attrapai sur le siège arrière ma sacoche Cutco bleu marine remplie de plus d'une dizaine de couteaux de cuisine affûtées comme des rasoirs. Puis Adam et moi nous dirigeâmes vers la porte d'entrée.

Toc, toc.

Nous y étions. J'avais les mains moites. Mon cœur battait la chamade. Je pris une profonde inspiration, regardai Adam et récitai mentalement mon mantra une dernière fois : *Je m'engage à conserver une foi inébranlable en ma capacité à vendre pour 20 000 dollars de produits pendant la période de concours et à fournir un effort extraordinaire jusqu'à ce que j'y parvienne, quoi qu'il advienne... il n'y a pas d'autre option.*

Personne ne répondit. J'appuyai donc sur la sonnette. Je jetai un coup d'œil dans l'allée et le long de la maison, ne sachant pas ce que j'allais trouver. Peut-être qu'elle était cachée dans les buissons ? J'appuyai de nouveau sur la sonnette. Toujours pas de réponse. Je retournai à la voiture pour récupérer mon téléphone mobile et j'appelai Madame Hammerling sur sa ligne fixe, seul numéro dont je disposais. Pas de réponse. Je rappelai une nouvelle fois... toujours sans succès.

Je n'y croyais pas. Ce n'était pas possible !

Je fis le pied de grue pendant une heure. Je rappelai sur la ligne fixe à plusieurs reprises. Rien. C'était ce que nous, les commerciaux, appelons un « no-show », une défection. Et cela ne pouvait arriver à un pire moment. Je respirai à fond, puis Adam et moi sautâmes dans la voiture, direction mon dernier rendez-vous – dernière chance d'atteindre mon objectif. Nous arrivâmes avec une heure d'avance et nous garâmes dans la rue.

Cette heure d'avance n'était pas idéale pour moi, car cela me laissait du temps pour gamberger. La peur refit sournoisement son apparition. Je commençais à douter de moi-même. *Comment est-ce possible ?* J'avais tout donné. J'avais conservé une confiance inébranlable. J'avais fourni un effort extraordinaire. Et maintenant, tout reposait sur le prochain et dernier rendez-vous. J'avais l'estomac noué. Je finis par frapper à la porte de Madame Carol Jones en répétant mentalement mon mantra du miracle : *Je m'engage à conserver une foi inébranlable en ma capacité à vendre pour 20 000 dollars de produits pendant la période de concours et à fournir un effort extraordinaire jusqu'à ce que j'y parvienne, quoi qu'il advienne… il n'y a pas d'autre option.*

Trente secondes plus tard, la porte s'ouvrit. *Merci, mon Dieu.* J'étais désormais face à une blonde d'une quarantaine d'années.

« Je peux vous aider ? » L'accent suédois me désarçonna. Il ne s'agissait pas de la femme à qui j'avais parlé au téléphone.

« Vous êtes Carol ? », demandai-je.

Non. Ce n'était assurément pas Carol. Il s'avère qu'il s'agissait de la belle-sœur de Carol, arrivée de Suède pour le cinquantième anniversaire de son frère, dont la fête était programmée dans quelques jours. Un coup de fil rapide de la part de la belle-sœur suédoise confirma que Carol était en ville et avait complètement oublié notre rendez-vous. Elle ne serait pas rentrée à temps. « Je peux vous aider en quoi que ce soit ? », demanda la belle-sœur.

Je réfléchis une seconde. La belle-sœur suédoise en vacances pour le cinquantième anniversaire de son frère ne va pas acheter de couteaux, n'est-ce pas ? Surtout pas pour 3 000 dollars. « Merci, mais je ne pense pas. »

Adam s'éclaircit la voix, puis se pencha vers moi. « Hal, dit-il, j'ai fait tout ce chemin pour te regarder faire une présentation. Si cette gentille dame voulait bien te laisser œuvrer, j'en serais enchanté. »

Je regardai Adam alors que des frissons me parcouraient le corps. C'était comme si le temps s'était suspendu. Le tout dernier moment n'avait pas encore sonné et cette femme sympathique offrait son aide. Peut-être que, dans un certain sens, Adam était venu avec moi pour me rappeler cela ?

« En fait, à bien y réfléchir, dis-je à la femme, vous pourriez faire quelque chose pour nous aider. J'étais censé présenter à Carol des couteaux de cuisine haut de gamme et c'est mon dernier rendez-vous de la semaine. J'apprécierais vraiment si je pouvais vous faire cette présentation, de façon à honorer le nombre de rendez-vous prévu. Vous feriez ça pour moi ? »

Étonnamment, la belle-sœur suédoise était disposée à accepter. « Bien sûr, entrez ! »

Adam me sourit et nous franchîmes la porte d'entrée. Je le remerciai mentalement. Et mon tout dernier effort extraordinaire fut de donner la meilleure présentation Cutco de ma vie, avec un enthousiasme sans précédent.

Soixante minutes plus tard, alors que j'achevais ma présentation et que je me préparais à demander à la belle-sœur s'il y avait une chance pour qu'elle désire acheter un lot de Cutco, elle me dit une chose que j'eus du mal à croire : « Hal, vous tombez à pic. Mon mari et moi étions sur le point d'investir dans un lot de couteaux de cuisine haut de gamme la semaine dernière, chez nous, en Suède, mais nous sommes tous les deux convenus de remettre cela après notre voyage aux États-Unis. Et en plus, toute la famille est en train d'essayer de chercher le cadeau idéal pour le cinquantième anniversaire de mon frère. Et nous ne l'avons pas encore trouvé. Il adore vraiment cuisiner. Ce serait donc parfait ! »

Quelle était la probabilité ? me dis-je, incrédule. Je lui souris et fis un signe de tête d'impatience.

« Vous savez quoi, faisons cela. Je vais vous prendre deux Ultimate Sets : un pour mon mari et moi et l'autre pour l'anniversaire de mon frère. »

Je dus me retenir de bondir de ma chaise pour la prendre dans mes bras. Cette vente me faisait dépasser les 3 000 dollars pour la journée, ainsi que mon objectif de 20 000 dollars !

Alors que nous rentrions de ce rendez-vous, une intime conviction était apparue en moi. Je commençais à comprendre qu'une vie extraordinaire passait par la prise de ces deux résolutions. Une confiance inébranlable associée à un effort extraordinaire était la formule pour générer régulièrement des résultats extraordinaires, des résultats tangibles et mesurables tellement importants et inattendus qu'ils passaient pour des miracles.

Tester l'équation et l'enseigner aux autres

La période de concours suivante se mua en expérience. J'appliquai la même stratégie. Je créai la possibilité de vendre de nouveau pour 20 000 dollars de couteaux, pour la quatrième fois de suite, nouveau record. Je m'engageais à conserver une confiance inébranlable et à fournir un effort extraordinaire jusqu'au tout dernier moment, quels que soient mes résultats. Cette fois-ci cependant, j'étais curieux de savoir si la formule, à laquelle j'avais commencé à faire référence dans mon journal de bord sous la dénomination d'« équation du miracle », allait de nouveau marcher.

Eh bien, oui. J'ai terminé la période de concours suivante avec un chiffre d'affaires de 23 701 dollars. Bien que n'en ayant pas complètement conscience sur le coup, j'étais en train de développer les qualités et les caractéristiques d'un expert en miracles, ce qui allait me permettre d'atteindre n'importe quel objectif.

Je me disais : *D'accord, peut-être que c'est juste valable pour moi, peut-être que j'ai de la chance.* Je souhaitais être certain que cette équation était bien réelle. J'ai donc commencé à l'enseigner à mes collègues commerciaux chez Cutco qui m'avaient demandé de les coacher. Geri Azinger a été la première commerciale Cutco à qui j'ai enseigné l'équation du miracle. Comme vous allez le voir, l'histoire de Geri s'est déroulée de manière très similaire, presque identique à la mienne.

L'équation du miracle en action

À l'été 2005, Geri est venue me voir car, malgré des résultats régulièrement supérieurs, semaine après semaine, à ceux de la plupart des autres commerciaux, dans l'ensemble, elle n'avait jamais vendu énormément. Sa meilleure période de concours avait tout juste dépassé les 12 000 dollars. Elle voulait donc me demander si je pouvais l'aider à atteindre le niveau suivant, à savoir les 15 000 dollars. Je lui ai répondu : « Mais je vais t'aider à vendre pour 20 000 dollars, Geri, car je suis sûr que tu en es capable. » Et je lui ai alors parlé de l'équation du miracle.

Geri me répondit : « Je ne sais pas. Je n'ai jamais ne serait-ce qu'approché ce chiffre. Mais je suppose que si l'équation du miracle fonctionne pour toi, Hal, je ne vois pas pourquoi elle ne fonctionnerait pas pour moi. »

De la même façon que j'avais démarré la période de concours, ses cinq premières démonstrations commerciales débouchèrent sur le chiffre de 1 000 dollars, ce qui ne correspondait pas au début dont elle avait rêvé. Elle prit la décision de garder confiance et, animée d'une nouvelle motivation, elle prépara sa deuxième journée. Elle vendit quelques-uns des lots les plus conséquents et termina la journée en dépassant nettement les 3 000 dollars. Le reste de la semaine ressembla à des montagnes russes. Au début de la seconde semaine, elle n'était qu'à 8 500 dollars. Elle avait la peur au ventre, mais elle continua d'exécuter le processus, fixant des rendez-vous et effectuant des démonstrations.

Avançons au second vendredi de cette période. Elle en était à 15 000 dollars de ventes environ. Elle avait besoin de faire un week-end à 5 000 dollars afin de remplir l'objectif fixé. Ce soir-là, elle passa cinquante appels téléphoniques (soit plus qu'elle n'en avait jamais donné un vendredi soir) et programma même sept démonstrations dans le week-end. Puis elle m'appela.

« Hal, j'en suis à 15 000 dollars ! Il me manque encore 5 000 dollars pour atteindre mon objectif et je suis vraiment nerveuse, mais je m'engage à 100 % à mettre en œuvre l'équation du miracle jusqu'au tout dernier moment. C'est étrange, mais je suis en fait persuadée que je vais y arriver ! Ou je devrais plutôt dire, j'ai une foi inébranlable en ma capacité à atteindre mon objectif, car il n'y a pas d'autre option ! »

Ce samedi après-midi-là, elle rencontra un couple très sympathique qui acheta le plus grand lot que nous vendions l'époque, l'Ultimate Set, celui-là même que j'avais vendu pour produire mon miracle. Ce couple a non seulement donné à Geri toute une liste de nouveaux clients, mais il lui a aussi présenté leur voisin, qui a lui aussi acheté un Ultimate Set !

Il n'était que 15 heures et elle avait déjà fait plus de 2 500 dollars pour la journée. Après avoir mangé un morceau, elle fonça vers son rendez-vous suivant. Bingo ! Une autre vente à 1 000 dollars. Sur le chemin du retour, elle appela un client potentiel qui lui donnait du fil à retordre. Il lui dit que le seul moment où il pouvait la recevoir était après le travail – à minuit. Elle accepta à contrecœur, mais elle fit bien. Cette démonstration, qu'elle termina à deux heures du matin, lui fit dépasser son objectif commercial.

Le concours n'était pas encore terminé. Elle garda confiance et poursuivit son effort en réalisant d'autres ventes. Elle boucla cette période de concours avec un résultat supérieur à 23 000 dollars, ce qui représentait près du double de son précédent record. Son rêve était devenu réalité. L'équation du miracle s'était révélée exact : foi inébranlable + effort extraordinaire = miracles.

Après l'expérience menée avec Geri, j'ai continué à enseigner l'équation du miracle à des dizaines de collègues et presque chacun d'eux accomplit son propre miracle au cours d'une période de concours avec un résultat supérieur à 20 000 dollars. Ces résultats étaient sans précédent.

Ma confiance en la validité de cette formule augmenta. Les commerciaux parvinrent à s'affranchir de l'état d'esprit restrictif qu'ils s'imposaient et générèrent des résultats tangibles au-delà de ce qu'ils croyaient possible auparavant. Pour être clair, je ne leur apprenais rien d'autre. Pas de nouvelles techniques commerciales ni de stratégies pour relancer des anciens clients. J'ai indiqué à chacun d'eux comment j'appliquais l'équation du miracle – l'histoire que je viens de vous raconter – et j'ai développé le principe d'une foi inébranlable couplée à un effort extraordinaire, comme nous allons le faire tout au long de ce livre. Ils ont appliqué cette équation. C'est tout !

Puis l'équation du miracle s'est révélée plus performante encore.

Robert Arauco, un commercial relativement récent dans ce métier et qui suivait des études universitaires, m'a contacté pour que je l'aide à réaliser pour la première fois une période de concours à 10 000 dollars. Comme je l'avais dit à Geri, je lui ai annoncé qu'il pouvait doubler son objectif et vendre pour 20 000 dollars de couteaux grâce à l'équation du miracle, qui avait fonctionné sous mes yeux avec de nombreuses autres personnes. Après lui avoir révélé la fameuse équation, il a réfléchi un moment, puis a remis en question mon propre paradigme. Il m'a demandé : « Hal, penses-tu que je pourrais me servir de l'équation du miracle pour atteindre en deux semaines le chiffre d'affaires de 30 000 dollars ? » Personnellement, je n'avais jamais atteint ce montant, mais je lui ai dit qu'à mon sens, il n'existait pas de limite aux miracles qu'il était possible d'accomplir grâce à cette équation. Robert est parvenu à vendre pour plus de 31 000 dollars en deux semaines, dépassant les 20 000 dollars rien qu'au cours de la seconde semaine. En donnant tout jusqu'au dernier moment, il a vendu pour plus de 6 000 dollars de couteaux au cours de la *dernière heure.*

Les succès obtenus de manière répétée grâce à l'équation du miracle prouvaient que ce n'était pas un coup de chance, mais plutôt une stratégie éprouvée, fiable et reproductible qui, à condition d'être bien cernée et correctement mise en œuvre, permettrait à tout le monde d'exploiter tout son potentiel et d'obtenir des résultats sans précédent.

Tester l'équation du miracle hors de la sphère commerciale

Vous vous demandez peut-être : *Comment cela peut-il s'appliquer à moi ?* Je comprends votre interrogation, car je me suis également posé cette question : *l'équation du miracle fonctionnerait-elle hors de la sphère commerciale ?* En fait, voilà pourquoi il m'a fallu près de vingt ans pour écrire ce livre. Pour confirmer la validité universelle de cette équation, j'ai non seulement étudié le succès d'un grand nombre de personnes célèbres, mais je l'ai également enseignée à un maximum de personnes, qui s'en sont ensuite servies pour accomplir toutes sortes de miracles. J'avais besoin de preuves pour affirmer que l'équation du miracle fonctionnerait pour n'importe quelle personne et dans n'importe quelle situation.

En bref, c'est bien le cas.

Voici une liste de personnes qui ont employé avec bonheur l'équation du miracle et m'ont raconté leur histoire :

> Angela May, une mère célibataire, gagnait 12 000 dollars par an chez Starbucks en tant que barista (sommelière du café). Ce fut ainsi jusqu'à ce qu'elle décide de monter sa propre entreprise. En un an, elle a réalisé son premier chiffre d'affaires à six chiffres et ses revenus ont même atteint les sept chiffres ces trois dernières années.

> Tim Nikolaev a débarqué de Russie à 16 ans, il a appris l'équation du miracle à 17 ans (tout en travaillant pour Cutco), puis l'a utilisée pour s'offrir la vie de ses rêves. Il vient d'avoir 30 ans,

jouit d'une liberté financière et se trouve pratiquement en préretraite (car les revenus qu'il tire de ses placements immobiliers sont supérieurs à ses dépenses ; en fait, il travaille quand il le souhaite). Selon Tim, la leçon la plus précieuse qu'il a apprise est qu'il est souvent impossible de prévoir le tracé du chemin qui mène à un objectif *a priori* inaccessible, mais que si vous donnez tout de vous jusqu'au bout du bout, vous atteindrez inévitablement votre objectif, indépendamment des résultats obtenus, et vous le dépasserez même.

Shelley Boyes rêvait de créer une structure pour les jeunes femmes qui souffrent de problèmes tels que les troubles alimentaires, la toxicomanie et la dépendance à l'alcool, ou encore les effets de la maltraitance, de l'anxiété et de la dépression. Mais elle ignorait comment s'y prendre. L'équation du miracle a révolutionné son état d'esprit et lui a permis d'être convaincue de pouvoir réaliser tout ce qu'elle estimait possible. Son institut Choose Life Ministry's Homestead for Hope devrait ouvrir ses portes en septembre cette année.

Brandon LaBella rêvait de terminer le marathon de New York 2017. Trois jours avant la course, il s'est déchiré le ligament latéral interne du genou et s'est vu contraint de marcher avec des béquilles. Au lieu de se désengager de la course, il a cherché quel était le meilleur temps réalisé en béquilles lors du marathon de New York et a décidé qu'il allait battre ce record. Grâce au pouvoir combiné d'une foi inébranlable et d'un effort extraordinaire, il a décidé qu'il allait terminer cette course quoi qu'il advienne. Il a fait preuve de persévérance et a battu le meilleur temps jamais réalisé, établissant un nouveau record du monde !

Carey Smolensky a monté une société de DJ à 14 ans. Alors qu'il poursuivait des études pour devenir dentiste, il a décidé de les interrompre afin de vivre ses passions. Animé d'une foi inébranlable et en fournissant un effort extraordinaire pour briser les conventions, il s'est fait une place dans la production d'événements et le divertissement. Quarante ans plus tard, son groupe de sociétés produit des événements dans le monde entier. Il a déjà diverti plus d'un million de personnes, son entreprise s'est développée et génère un chiffre d'affaires annuel de plusieurs millions de dollars. Carey continue de vivre de ses passions en utilisant l'équation du miracle. Il a écrit un livre sur la passion et a lancé avec succès sa propre conférence annuelle, le Passion Summit (le Sommet de la passion).

En 2016, Angel Morales a parcouru le monde seul pendant onze mois. Il a visité vingt-six pays et posé le pied sur les cinq continents. Pour accomplir son rêve, il a économisé, fait des recherches et préparé son périple pendant deux ans. Lorsqu'il a annoncé qu'il allait démissionner pour faire un tour du monde, personne ne l'a cru. Mais grâce à sa foi inébranlable, il a pu s'acheter le billet qui lui a permis de réaliser son rêve.

Ales Backus est passé de l'adolescent dépressif et suicidaire qui jouait toute la journée aux jeux vidéo à l'acrobate aérien et un professeur qui incite les enfants et les personnes de tous âges à réaliser leurs rêves et à faire preuve de résilience. Il continue d'exécuter l'équation du miracle et a triplé ses revenus au cours des douze derniers mois.

En vingt-quatre mois, Ken Wimberly a perdu 13 kilos, remboursé une dette de 352 000 dollars et fait grimper le chiffre d'affaires annuel de sa société de courtage de 20 millions à 70 millions de dollars.

Vencent Valenti a épousé la femme de sa vie, acheté la maison de ses rêves, écrit un livre sur les enfants et monté deux entreprises (dont une qu'il a vendue depuis).

Jessie Walters, auparavant clouée au lit par l'anxiété, est devenue un brillant agent immobilier et prend régulièrement la parole dans sa paroisse.

Mike Eaton a perdu 40 kilos et accompli son rêve, faire du stand-up.

Theresa Laurico, productrice du film *The Miracle Morning,* a été renversée par un bus pendant le tournage et gravement blessée (à l'époque, je soignais mon cancer). Nous nous sommes appuyés l'un sur l'autre et avons utilisé l'équation du miracle en même temps pour nous rétablir complètement.

En recueillant ces histoires, j'ai tenté de jouer l'avocat du diable et cherché des personnes qui n'étaient pas animées d'une foi inébranlable et ne fournissaient pas un effort extraordinaire pour atteindre leurs objectifs, mais je n'en ai pas trouvé une seule.

Je raconte d'autres histoires provenant du monde entier tout au long de ce livre, d'experts en miracles mondialement célèbres ou de parfaits inconnus, qui sont parvenus à créer des miracles tangibles et mesurables en utilisant cette équation. Chaque histoire est la preuve de ce qui est possible pour *vous.* La beauté de cette équation, c'est qu'elle porte ses fruits pour n'importe quel objectif, ambitieux ou modeste, et pour quiconque prend ces deux décisions et *s'y tient.*

Votre propre aventure avec l'équation du miracle

La suite de ce livre vous servira en quelque sorte de passerelle vers l'existence que vous désirez vivre – non seulement en exprimant votre souhait, mais en comprenant comment dépasser le stade du désir pour atteindre celui de la concrétisation. Je vous ferai passer en revue ce processus – c'est bien un processus – de façon à ce que la production de miracles tangibles et mesurables devienne chez vous une seconde nature. Lorsque vous choisissez d'incarner les deux résolutions, vous devenez un expert en miracles. Vous vous mettez alors à penser et à vivre autrement, ce qui vous conduit à obtenir des résultats différents dans votre existence actuelle et future.

La première étape pour incarner cette nouvelle identité d'expert en miracles consiste à identifier et à surmonter un conflit humain propre à chacun de nous, mais dont nous n'avons généralement pas conscience. Dans le chapitre suivant, nous allons analyser ce conflit, voir comment il se manifeste et apprendre à nous libérer de son emprise.

Chapitre 3

UN CONFLIT INHÉRENT À LA NATURE HUMAINE

S'affranchir des limites

Le monde dans lequel nous vivons
– la vie telle que nous la percevons –
est un reflet parfait,
une image inversée, de notre réalité intérieure.

PATRICK CONNOR

Il y a de fortes chances que vous ayez oublié, comme bon nombre de personnes, un fait vraiment élémentaire à propos de vous-même : *vous N'AVEZ PAS de limites.*

Les êtres humains sont conçus pour être des « géants » et ce ne sont pas les preuves qui manquent. Chaque jour, des limites volent en éclats lorsqu'une personne exploite le potentiel illimité que nous avons tous en nous et lorsqu'elle fixe de nouvelles normes quant à ce que nous sommes *tous* capables de réussir. Tout ce qu'une autre personne a réalisé est la preuve de ce qui est possible pour vous. Tout ce que vous souhaitez dans la vie vous est accessible sur-le-champ, attendant juste que vous preniez la décision de satisfaire votre désir.

Quand vous pensez à votre enfance, vous pouvez sans doute vous souvenir d'avoir éprouvé ce sentiment. Il vous semblait totalement plausible et à votre portée de devenir une ballerine ou un joueur de foot célèbre. Vous n'avez jamais envisagé de ne pas atteindre le but que vous aviez en tête. *Tout était possible.* Votre avenir était sans limites. Certains d'entre nous ont complètement perdu cet état d'esprit. D'autres sont capables de le retrouver en faisant réapparaître ou en se souvenant de « ce qui aurait pu être possible ». Même dans ce cas, ce sentiment semble éloigné et sans lien avec l'existence qu'ils mènent aujourd'hui. Une vie avec des factures qui s'accumulent, un emploi dans lequel ils ne s'épanouissent pas et quelques kilos superflus dont ils ne parviennent pas à se délester. Mais ce n'est pas parce que vous avez oublié ce sentiment qu'il est erroné ou hors de propos.

Alors, comment avons-nous fait pour l'occulter ?

Nous n'en sommes pas responsables, mais nous nous sommes involontairement sabotés et cela s'aggrave en vieillissant. Ce n'est pas très encourageant, mais c'est vrai. Nous sommes confrontés à des obstacles, à la fois présents en nous-mêmes et causés par notre environnement. Ils sont difficiles à surmonter, parfois quelque peu sournois. Souvent, nous ignorons leur existence.

En premier lieu, nous avons des tendances innées, préprogrammées dans notre cerveau, qui nous dévient en permanence du chemin qui mène à la grandeur. Notre nature humaine nous pousse vers la solution de facilité, vers le doute et à baisser les bras devant les difficultés. La facilité est généralement plus confortable à court terme et notre cerveau interprète ce confort ainsi : *c'est ce que je devrais faire.*

Ensuite, lorsque nous grandissons et que nous gagnons en maturité, nous sommes en mesure d'absorber les messages (verbaux et non verbaux) de ceux qui nous entourent : on nous incite à respecter les règles, à trouver notre place et à entrer dans la danse. Nous laissons même les croyances limitantes des autres infléchir les nôtres et étouffer le sentiment de ce qui nous semble possible. Les êtres qui nous sont chers nous tapent dans le dos, nous gratifient de l'incontournable « tu as fait de ton mieux », mais ne nous imposent jamais d'exploiter tout notre potentiel, probablement parce qu'ils ne le font pas eux-mêmes. Nous nous complaisons ensemble dans les sphères de la médiocrité.

Au bout d'un moment, nous rejoignons les conformistes et finissons par chanter et danser en chœur le refrain du fameux « voilà pourquoi je ne peux rien faire d'incroyable ». Nous accumulons tout un arsenal de limites idéales pour nous saborder, dont nous n'avons en général pas conscience. Nous fournissons l'effort *minimal* pour nous en sortir. Nous passons nos journées sur pilote automatique, souvent sans objectif ou sans intention claire. Nous laissons les autres nous imposer des limites. En fin de compte, nous nous satisfaisons de situations éloignées de nos véritables souhaits et inférieures à nos capacités réelles. Nos pensées, tout comme nos amis et nos proches bien intentionnés, nous maintiennent à distance des miracles.

Comment un gars ou une fille peuvent-ils se forger une vie extraordinaire avec tous ces obstacles dressés sur leur route ?

C'est une bonne question. La réponse se trouve dans la compréhension du conflit inhérent à l'espèce humaine et qui fait rage en nous : **au plus profond de nous-mêmes, nous savons que nous n'avons pas de limites. Mais notre cerveau et le monde alentour nous enferment et nous empêchent de déployer nos ailes.** Ce conflit nous fait échapper au bonheur, est source d'anxiété et nous donne ce sentiment tenace qu'il existe autre chose – quelque chose de plus – qui nous attend dans ce monde. Nous le pressentons, mais nous ne savons que faire. Ou plutôt nous ne savions que faire…

Jusqu'à maintenant.

Pour créer la vie la plus extraordinaire – celle que vous désirez, celle que vous méritez et à laquelle vous êtes destiné –, vous devez résoudre ce conflit intérieur et emprunter la voie qui mène à la grandeur. Celle-ci ne sera pas forcément la plus facile, l'option la plus agréable ou même la moins risquée. Lorsque vous hésitez à prendre une décision, avec une option qui vous restreint (ancrée dans votre passé) et une autre qui ouvre tous les horizons (fondée sur votre potentiel), choisissez cette dernière, point barre.

Ce n'est pas facile et je n'ai jamais dit que ça le serait. Mais c'est possible et, surtout, c'est possible pour *vous.* Si vous voulez bien lire ce chapitre jusqu'à la fin, vous allez apprendre une multitude de choses sur ce qu'il vous reste à accomplir pour vivre l'existence miraculeuse que vous méritez. Et vous allez vous dire : *Ouah, mais je peux vraiment faire tout ça !*

Alors, allons-y !

Une guerre contre vous-même

Prenons un peu de recul. Quelle que soit votre situation actuelle, que vous soyez au sommet de votre art ou en proie à des difficultés désagréables, douloureuses, ou bien quelque part entre les deux, dites-vous bien ceci : *vous êtes précisément là où vous devez être (et la personne que vous êtes censée être) pour apprendre ce qui va vous permettre de devenir la personne capable de créer tout ce que vous avez toujours souhaité.* Fichtre ! Ce n'est pas rien, mais j'y crois totalement. Et vous aussi, j'espère. Toutes les expériences que vous avez vécues jusqu'à ce stade de votre vie, y compris les plus difficiles, deviennent des atouts lorsque vous choisissez d'en tirer les enseignements.

La difficulté est la suivante (et il faut vous y confronter) : c'est, ou ce n'est peut-être pas, de votre faute si vous ne vivez pas l'existence que vous souhaitez, mais il est de votre responsabilité d'opérer les changements nécessaires pour franchir un cap. Personne ne le fera à votre place. Il vous incombe de choisir de vivre une existence valant une note 10. Et la première étape pour y parvenir est de faire disparaître ce conflit intérieur.

Le choix entre vivre une vie limitée ou une vie sans limites se trouve dans de nombreux cas de figure : est-ce que je dois démissionner de mon poste et me mettre à mon compte ? Est-ce que je dois mettre un terme à cette relation amoureuse tout en ignorant si je vais retrouver quelqu'un ? Est-ce que je dois vraiment arrêter de manger ce que j'aime pour perdre 5 kilos ? Chacune de ces décisions touche un domaine bien précis de votre vie. Mais elles vous ramènent toutes au fait que vous êtes *limité – par votre passé, vos peurs, vos échecs ou par les autres – et non sans limites.* Réfléchissez à une décision qui vous vient à l'esprit en ce moment même. Êtes-vous capable de la percevoir à travers ce prisme ? Vous paraît-elle alors différente ?

Lorsque j'étais en train de travailler sur *Miracle Morning,* je luttais constamment contre la peur et le doute qui m'incitaient à abandonner. J'avais beau croire dur comme fer au concept et en avoir vu les résultats, ma petite voix n'arrêtait pas de lever des obstacles : *Qui suis-je pour convaincre les gens de se lever de bonne heure ? Comment obliger un individu à vaincre une croyance limitante du style « Je ne suis pas du matin » à laquelle il croit probablement depuis toujours (et que son comportement a renforcé) ?* Heureusement, je n'ai pas laissé mon conflit intérieur avoir le dernier mot. J'ai refusé de laisser le doute dicter mes actes.

Bien que nous puissions assurément identifier des centaines, voire des milliers, de manifestations de ce conflit dans notre existence, il existe quatre conflits intérieurs qui surgissent très souvent et que nous devons régler. En premier lieu, notre cerveau qualifie les nouvelles opportunités de *dangereuses.* Deuxièmement, nous rejetons le principe selon lequel nous méritons tout ce que nous souhaitons et nous nous contentons d'efforts et de résultats médiocres dans un ou plusieurs domaines de notre vie. Troisièmement, nous oublions nos talents et ne percevons pas tout ce que nous sommes en mesure d'accomplir. Enfin, nous laissons le monde avoir une influence sur notre pensée et même nous déterminer, ce qui nous conduit généralement à minimiser nos capacités. À côté de toutes ces limites se superpose la croyance selon laquelle, au fond de vous, il existe tout de même un potentiel inexploité. Il en découle une angoisse existentielle persistante.

Seul, chacun de ces conflits suffit à inhiber les grands projets de votre vie. Et ensemble, ils rendent pratiquement impossible l'accomplissement de vos souhaits les plus chers. Tentons maintenant de les analyser afin de comprendre leur origine et ce qui vous attend si vous ne les réglez pas. Puis, vers la fin de ce chapitre, nous verrons comment les surmonter afin que vous puissiez vous lancer dans la vie dont vous rêvez.

Une peur irrationnelle et une préférence pour le statu quo

La plupart d'entre nous tombent dans des cycles consistant à se montrer très enthousiastes face à un nouvel objectif, puis à tout arrêter soudainement quand les choses se compliquent ou même avant d'être passé à l'action. Pourquoi ?

Tout part du cerveau humain, qui est assez incroyable. C'est notre centre de commandes. Il permet à nos poumons de respirer, à notre cœur de battre et à notre corps de bouger. C'est grâce à lui que nous pouvons dire si notre existence est de qualité ou déplorable, en nous concentrant sur ce qui est source de bien-être ou de mal-être. Tout ce que nous faisons ou ne faisons pas part du cerveau. C'est notre cerveau qui nous fait vivre, mais c'est aussi lui qui nous empêche de construire l'existence dont on rêve.

Bien que nous soyons tous nés avec un potentiel illimité, nous sommes aussi dotés d'un centre cérébral qui répond à des réflexes primitifs. Nous sommes programmés pour analyser notre environnement, être en permanence à l'affût du danger, car, du temps de l'homme des cavernes, ne pas repérer un animal dangereux à proximité pouvait se traduire par une mort violente. De la même manière, il fallait se méfier des végétaux toxiques lors de la cueillette. L'homme préhistorique se confrontait fréquemment à des situations mortelles et tentait simplement de vivre au jour le jour. Littéralement. Heureusement, aujourd'hui, nous ne sommes plus confrontés, ou très rarement, à ce genre d'expérience. Mais notre cerveau l'ignore et garde une part de paranoïa, sans cesse en alerte, dans le souci de nous garder en sécurité.

Cependant, au lieu de redouter la mort, notre cerveau demeure extrêmement vigilant à tout ce qui pourrait nous faire sortir de notre zone de confort. La peur de la mort a été remplacée par la crainte de l'échec et de l'inconfort, qui se manifeste sur le plan émotionnel et physique. Rester en sécurité, ce n'est plus seulement éviter les prédateurs. Aujourd'hui, nous évitons également les circonstances opportunes. Nous avons essentiellement peur de l'inconnu. Lorsque se présente à nous une occasion de devenir la personne que nous aimerions réellement être, notre cerveau, paniqué, tire le signal d'alarme. Nous nous focalisons alors immédiatement sur tout ce qui pourrait aller mal : *Je pourrais échouer, je pourrais être gêné, je pourrais être déçu.* Tout ce stress complique une prise de décision intelligente et perturbe notre bien-être émotionnel. Parfois, c'est comme si nos émotions nous contrôlaient et non l'inverse.

Les circonstances dictent alors notre état intérieur. Nous réagissons et perdons le calme dans lequel nous aurions pu réfléchir à une réponse optimale pour une situation donnée. Lorsque les émotions prennent le contrôle, il est presque impossible de rester concentré sur ses objectifs, dans la mesure où tout obstacle, si minime soit-il, paraît insurmontable. Nous revenons alors dans la « grotte » de notre zone de confort. Bien qu'il y fasse sombre, elle respire la sécurité.

Notre énergie et notre concentration sont dirigées vers la désactivation de cette réaction au stress (ce qui, au passage, ne fait que l'aggraver). Nous jugeons que cette excellente occasion est trop dure et trop dangereuse pour tenter de la saisir. Au final, toute situation qui nous rapprocherait de ce que nous commençons à percevoir comme notre normalité devient une situation à éviter.

Les experts en miracles ont compris une chose de plus que les autres : comment court-circuiter cette réaction au stress ou, plus précisément, comment la désactiver lorsqu'elle s'avère nuisible et inhibe l'action. Ils ont entraîné leur cerveau à faire la différence entre une situation désagréable et une question de vie ou de mort. Ils cherchent constamment à remplacer la peur de ce qui pourrait mal tourner en se concentrant sur leur foi en une issue heureuse des événements. Ils consacrent du temps à l'exploration et à la poursuite des perspectives qui les rendront heureux et épanouis, tout en ayant conscience d'un échec éventuel (même si, comme vous l'apprendrez au chapitre 5, cette perspective n'existe pas). Au lieu de s'appesantir sur les peurs et les échecs passés, les experts en miracles comprennent à quel point il est crucial d'avoir foi en eux et de cerner les mesures utiles pour atteindre les objectifs les plus importants. En gardant de l'ascendant sur leur cerveau, ils prennent le contrôle de leur vie.

Ce n'est pas le cas de la plupart d'entre nous. Des étudiants sur le point d'entrer dans la vie active aux P-DG d'entreprises figurant au classement Fortune 500, nous sommes tous en proie à des peurs irrationnelles et à une réaction au stress extrêmement active. Il nous faut réfléchir à la manière dont nos peurs vampirisent nos rêves et l'existence que nous pourrions mener. Au lieu de craindre et d'éviter les occasions, nous devons prendre une grande respiration et les saisir à bras-le-corps. Il nous faut être disposés à échouer, à apprendre de nos erreurs et à recommencer. Il est nécessaire de remplacer la peur par la foi (ce sujet sera développé plus loin). Il n'existe vraiment aucune autre manière de surmonter ce conflit et de connaître le succès.

Choisir entre une conception étriquée ou éclairée du mérite

Quelle que soit votre définition d'une réussite valant la note 10, si vous lisez ce livre, c'est que vous aimeriez l'atteindre plus souvent. Mais selon vous, quel degré de succès méritez-vous ?

Hélas, la plupart d'entre nous n'ont pas le sentiment de mériter beaucoup plus que ce qu'ils ont déjà ou que ce dont dispose leur entourage. Le degré de succès, de bonheur et d'épanouissement auquel nous sommes habitués devient la norme et ce que nous attendons de l'avenir. Nous perpétuons notre passé sans l'objectif de nous offrir une vie plus grandiose. Beaucoup d'entre nous ne font même pas le premier pas, car ils n'ont pas la conviction de mériter ce qui les attend au bout du chemin. Pour devenir un expert en miracles, il vous faudra non seulement être sûr que vos objectifs et vos rêves les plus ambitieux sont possibles, probables et inévitables, mais également que vous *méritez* de les atteindre. Sans ce dernier élément, vous ne les atteindrez jamais car vous n'estimez pas vraiment mériter cette situation. Vous trouverez toujours une excuse pour que votre excellence ne se matérialise pas. Mais lorsque vous serez convaincu de mériter le succès, vous vous battrez pour y parvenir.

Je sais que pour certains d'entre vous, cette notion de mérite n'est pas acceptable car elle est associée à des personnes qui pensent que tout leur est dû, qu'elles sont dignes de tous les privilèges et de toutes les ressources, même si elles n'ont rien fait pour en bénéficier. Leur attitude est souvent liée à un sentiment narcissique, à de l'arrogance, et renvoie au vécu de l'enfant qui se sent le centre de l'univers. Elle suppose que l'on mérite quelque chose que l'on ait ou non fourni un effort pour l'obtenir. Il existe donc deux conceptions du mérite, l'une à laquelle vous devriez aspirer et l'autre à éviter.

La *conception éclairée du mérite,* à laquelle nous aspirons tous, se caractérise par l'idée fondamentale selon laquelle chacun est capable de voir ses souhaits se concrétiser (à savoir tout ce que nous sommes disposés à atteindre en produisant des efforts) comme n'importe qui sur terre. Presque toutes les grandes réalisations ont été créées par des gens qui étaient sûrs de pouvoir fournir le travail nécessaire à leur achèvement *et* qui étaient conscients de mériter le succès qui en a résulté. Cet état d'esprit est sain et constitue une condition préalable à la création de miracles tangibles et mesurables. Il renforce la confiance en notre potentiel et la perception qu'on en a. Je sais que c'est difficile pour beaucoup d'entre nous, tout comme ça l'a été pour moi. Nous ne reconnaissons pas les efforts que nous avons fournis. Nous rougissons lorsqu'une personne nous félicite ou nous remercie pour une mission joliment accomplie. Il nous arrive même de rejeter le compliment : « Ce n'est pas grand-chose », disons-nous, même si c'était une belle action. Recevoir des louanges met mal à l'aise. Alors imaginez, poursuivre un objectif en ayant le sentiment de ne pas vraiment le mériter ! Il est pratiquement impossible de produire les efforts nécessaires pour des résultats miraculeux lorsqu'on estime ne pas les mériter.

Le plus souvent, c'est sur cette conception éclairée du mérite que vous devrez vous appuyer pour conforter une confiance inébranlable en vous-même. Vous constaterez qu'il est souvent plus facile d'estimer qu'on mérite le résultat final que de croire en sa capacité à le concrétiser. Ce n'est cependant pas le cas pour tout le monde ni pour tous les miracles. En ce qui me concerne, je n'éprouve pas toujours ce sentiment de mérite. Je vois d'autres personnes en proie à des difficultés, ou moins chanceuses que moi, et je me dis : *Pourquoi mériterais-je d'être plus heureux ou de réussir mieux qu'elles ?* Gardez à l'esprit qu'il faut fournir un effort extraordinaire pour s'approprier cette conception éclairée du mérite. Lorsque vous commencerez à faire des efforts, plus vous en fournirez, plus vous aurez la sensation naturelle de mériter ce que vous cherchez. Afin que l'équation du miracle porte ses fruits, l'organisation est moins importante que le sentiment de mérite et l'aptitude à produire des efforts idoines. Les experts en ce domaine assument pleinement leur investissement et estiment toujours mériter la récompense qui les attend au bout du chemin.

À l'opposé se trouve la *conception étriquée ou inappropriée du mérite.* Il s'agit alors d'une forme de paresse qui emprunte le masque du mérite. Nous nous disons : « Oh, j'ai droit à ce gâteau, car j'ai bien surveillé mon alimentation », « Je mérite d'acheter ce vêtement dont je n'ai pas vraiment besoin, car, récemment, j'ai fait attention à mes dépenses » ou « Je m'autorise à ne pas aller à la salle de sport. J'ai bien travaillé ces derniers temps ». Ça vous dit quelque chose ? Cela nous arrive à tous de temps en temps, mais c'est un schéma de pensée nuisible.

Ce type de comportement renforce la médiocrité. Nous nous considérons comme « assez bons ». Mais « assez bons » n'est pas « exceptionnels » et ne conduit assurément pas à des résultats miraculeux. Cela vous permet simplement de vous envoyer des fleurs pour une performance qui n'est pas géniale. Cela vous donne le droit d'être paresseux. Tout comme le surmenage qui conduit à l'épuisement et au burn-out est mauvais pour la santé, en faire moins que nécessaire nuit à l'atteinte de vos objectifs.

Se contenter d'un effort médiocre ne permet pas d'atteindre une réussite valant la note 10. Le niveau d'effort nécessaire se rapporte à ce que vous tentez d'accomplir. Une personne qui s'entraîne pour un marathon peut avoir besoin de courir cinq fois par semaine, si elle essaie seulement d'être en meilleure santé, elle devra marcher 30 minutes deux fois par semaine. Si personne ne vous guide, vous êtes le seul à pouvoir estimer la quantité d'efforts à produire. Et votre définition du 10 en matière de succès ne vaut que pour vous et pour l'objectif que vous essayez d'atteindre. L'essentiel est d'adapter vos actes et la quantité de travail nécessaire à votre objectif afin d'avoir le sentiment de le mériter et d'éviter le piège de la paresse.

Soyons honnêtes : être paresseux fait du bien. Qui n'aime pas regarder la télévision, traîner chez soi, sans responsabilités à endosser, sans soucis en tête et sans culpabiliser. *Mais* (et c'est un grand *mais*) pour être paresseux sans vous sentir coupable, vous devez d'abord accomplir toutes vos obligations. Je me suis fixé une règle qui consiste à passer du temps avec mes enfants, à aider ma femme et à exécuter toutes mes tâches professionnelles avant de bénéficier d'un moment de paresse exempt de tout sentiment de culpabilité. Si vous envisagez de vous gaver de séries sur Netflix, vous n'avez pas à vous juger. Veillez simplement à vous connecter *après* avoir exécuté les tâches prioritaires de la journée.

Si elle n'est pas précédée des actions utiles à vos objectifs, cette paresse vous prive du sentiment de mériter une grande réussite. Lorsque vous ne fournissez pas d'efforts dans la durée, vous n'êtes pas dignes de ce à quoi vous aspirez, vous le savez bien. Résultat, vous ne croyez pas en vous et vous n'estimez pas mériter un meilleur sort que le vôtre. Voilà pourquoi la conception étriquée ou inappropriée du mérite est si dangereuse.

Un autre argument nous freine, et c'est encore une manifestation inappropriée du mérite : lorsque nous prétendons que nous sommes « trop occupés ». Combien de fois vous êtes-vous dit que vous ne pouviez pas exploiter une nouvelle opportunité ou trouver le temps d'œuvrer à la réalisation de votre plus grand rêve parce que vous étiez (roulements de tambour...) *trop occupé ?* Cet emploi du temps surchargé consiste essentiellement à faire des choses sans réelle importance tout en se disant malicieusement que l'on est productif. Répondre à des dizaines de mails peut donner le sentiment que nous sommes productifs et, par conséquent, que nous méritons quelque chose, mais au fond, nous savons que ce n'est pas vrai.

Dans son ouvrage *Deep Work : Retrouver la concentration dans un monde de distractions*[4], Cal Newport explique que notre capacité à mener une tâche, ou à nous concentrer longtemps sur un travail nécessitant une grande implication intellectuelle, diminue au moment où cette compétence devient un véritable atout. Seules les personnes capables de cultiver cette compétence en récolteront les fruits. Seuls les gens capables de se détacher des distractions et des tâches accessoires peuvent, dans la durée, centrer leur énergie mentale (et physique) sur un unique objectif. Ils sont alors capables de produire des

4 Éditions Alisio, Paris, 2017.

miracles tangibles et mesurables. S'occuper en perdant son temps à des activités non prioritaires est l'exact opposé de cette notion.

Lorsque nous nous penchons sur notre liste de choses à faire, il est parfaitement naturel d'être attiré par les activités non prioritaires, peu risquées et dont les conséquences sont insignifiantes. Il s'agit par exemple de vérifier sa messagerie, de poster des messages sur les réseaux sociaux, de faire des recherches en ligne, de procéder à du rangement physique ou numérique, voire de s'adonner à des tâches de développement personnel, si celles-ci justifient votre procrastination vis-à-vis de tâches plus prioritaires. En nous attardant sur ces activités accessoires, nous restons distraits et ne prenons pas le risque de nous engager dans des actions importantes qui nous mettraient sur la voie de l'accomplissement de nos rêves. Mener des actions prioritaires peut faire peur, car cela a un poids dans notre existence et nous contraint à solliciter notre « muscle du mérite ». Mais s'occuper à des activités subalternes n'aide pas à se sentir digne du succès que nous visons.

Passer d'une impression de dysmorphie à l'exploitation de son potentiel

Un peu plus loin, vous découvrirez que l'on m'a diagnostiqué une forme de cancer très rare et agressive à 37 ans. Lorsque j'ai entamé mon traitement, je suis passé rapidement de 75 kilos à 57 kilos alors que je mesure 1,82 mètre. Dès les trois premières semaines, j'ai perdu 13 kilos, mes pommettes étaient saillantes, tout comme mes côtes et mes hanches. J'ai également perdu mes cheveux et toute ma pilosité. Mais il est intéressant de noter que lorsque je me regardais dans le miroir, j'avais l'ancienne vision de moi-même, cheveux et poils en moins. Je ne voyais pas un patient maigre souffrant d'un cancer, mais la personne que j'avais toujours été.

Mentalement, je savais que mon apparence devait être différente : 18 kilos, c'est une grosse perte de poids, surtout pour quelqu'un de mince. En fait, j'avais perdu environ un quart de mon poids en quelques semaines. Lorsque j'ai dit à ma femme Ursula que je pensais ne pas avoir trop changé, son expression m'a montré que c'était faux, sans parler de mes parents bien intentionnés qui ne manquaient pas une occasion de me donner à manger. Les messages que je recevais du monde extérieur étaient assez différents de mon ressenti. La perception que j'avais de moi-même était biaisée.

Je me disais : *Cela doit ressembler à ce que ressent une personne qui souffre de dysmorphophobie (le fait de souffrir exagérément d'un défaut physique mineur ou imaginaire), mais en mode inversé.* Ces personnes font de l'exercice physique jusqu'à l'épuisement parce qu'elles se sentent trop grosses, alors que la balance indique clairement qu'elles ne sont pas en surpoids. Elles sont obsédées par le fait de détourner l'attention de leur nez, qu'elles trouvent trop imposant par rapport à leur visage, même si personne ne l'a jamais remarqué. Elles ne parviennent pas à percevoir leur corps avec exactitude. C'était également mon cas.

Hélas, nous procédons aussi ainsi avec notre potentiel. Nous ne voyons pas tout ce dont nous sommes vraiment capables. En fait, si vous deviez vous poser un moment pour écouter vos pensées, vous entendriez probablement une multitude de déclarations négatives que la plupart d'entre nous se répètent inconsciemment : *Je me sens indigne. Je n'ai pas de chance. Je suis trop occupé. Je suis paresseux. Je ne sais pas par où commencer. Il ou elle est meilleure que moi. J'ai essayé de m'améliorer dans ce domaine, mais je ne m'y suis jamais tenu.* Nous déroulons sans cesse des énoncés négatifs. Nous leur accordons suffisamment d'attention pour finir par croire qu'ils sont vrais, puis nous agissons en conséquence.

Nous pointons du doigt des échecs passés et nous nous disons : « Non, je ne vais pas refaire la même chose ». Mais, pendant des années, nous avons intériorisé des doutes sur nos capacités et nous avons recherché des arguments pour démontrer nos limites. Nous en concluons que nos sentiments sont réalistes et que les faits vont sans doute se reproduire. Résultat, nous en gardons le sentiment erroné que nos facultés sont inférieures à ce qu'elles sont en réalité. Il n'existe pas une seule personne sur cette planète, y compris les plus brillantes, qui ne se penche pas sur son passé et sans y voir des échecs. Mais l'essentiel, c'est que vous n'êtes pas obligé de vivre ainsi. Vous pouvez choisir de prendre des décisions avec l'idée d'un avenir sans limites.

Dans *Miracle Morning,* j'ai intégré un chapitre supplémentaire intitulé « Le mail qui va changer votre vie ». J'évoque le moment où j'ai pris conscience que la perception de mes forces et de mes faiblesses était inexacte. J'ai donc envoyé un mail à plus de vingt personnes qui me connaissent bien et leur ai demandé de me donner un avis sincère sur cette question. Dans ce groupe figuraient des membres de ma famille, des amis, des collègues, des mentors et même deux anciennes petites amies. Les réponses que j'ai reçues ont été éclairantes et motivantes, mais aussi quelque peu douloureuses. C'était comme si je me voyais en 3D, sous toutes les coutures, avec ma propre perception et selon l'impression que je donnais aux autres, tout un éventail de personnes qui me connaissaient sous divers aspects. Cet exercice a changé ma vie, car j'ai accepté toutes ces remarques, les ai consignés par écrit et j'ai procédé à des changements de comportement. Cet exercice a également changé la vie de nombreuses personnes qui l'ont fait. Si vous estimez que vous n'êtes pas capable de vous percevoir avec justesse sous toutes les facettes de votre personnalité (et c'est probablement le cas), tentez cette démarche !

Ceux qui ont cessé de se complaire dans la moyenne pour devenir extraordinaires se sentent déjà meilleurs que par le passé. Ils ont cherché à se voir avec des capacités sans limites et se sont mis à vivre en adéquation avec ce sentiment. C'est rarement facile à mettre en place – comme beaucoup de choses –, car le doute est toujours présent. Cependant, lorsque vous réfléchissez souvent à cette perception de vous-même (c'est-à-dire chaque jour), au fil du temps, celle-ci gagne en authenticité car il s'agit de votre moi véritable. Au bout du compte, cette nouvelle vision de vous-même finit par devenir votre nouvelle identité et, inévitablement, une réalité.

Entrer dans le moule ou choisir d'être libre

Si vous avez déjà enfilé un vieux jean trop petit, vous savez à quel point l'expérience peut être désagréable. Le bouton vous rentre dans le ventre. Le tissu colle à vos jambes. Il se peut même que vous ayez du mal à marcher normalement. Non seulement ce n'est pas une bonne idée, mais en plus vous n'êtes pas à l'aise.

À vrai dire, il en va de même dans notre vie. Lorsque nous laissons les autres nous imposer un modèle, nous finissons par changer, par ne plus agir comme nous l'entendons. Nous renonçons à nous battre pour ce que nous souhaitons réellement. Nous entrons dans le moule imposé par les autres. Nous finissons alors par avoir le sentiment de ne pas pouvoir agir librement. Nous nous retrouvons confinés, restreints et même contrôlés par les attentes des autres, ce qui est une source d'inconfort.

En général, nous avons appris à penser de façon étriquée, à rester dans les clous, à s'intégrer et à suivre les règles… *celles des autres.* Ces règles sont destinées à nous permettre d'être en adéquation avec la société, mais elles vont à contre-courant de notre désir inné de connaître un succès valant 10. Mon éducation classique fait que l'on ne m'a jamais appris à penser différemment, à explorer mes talents ni à découvrir les principes des personnes les plus brillantes au monde, ce qui m'aurait ouvert une voie pour leur emboîter le pas. Quid de cette formation ?

La voie classique est d'aller à l'école, de décrocher un emploi stable et de travailler jusqu'à 65 ans, avec juste l'espoir d'avoir assez d'argent pour une retraite médiocre. Nous sommes conditionnés à être responsables, dociles, à rester dans la moyenne, c'est-à-dire à entrer dans le moule. Tous ces comportements sont acquis et n'ont rien à voir avec la personne que vous êtes réellement ou que vous pouvez choisir d'être.

Nous finissons par apprendre à nous méfier de notre instinct et à devenir cyniques envers nous-mêmes. Nous considérons les gens qui connaissent un succès extraordinaire comme une exception. Ils sont « différents ». Depuis l'enfance et pendant des années, nous avons été conditionnés par les certitudes des autres à notre sujet. Choisir d'entrer dans le moule semble être la voie de la moindre résistance, mais cela nous conduit là où nous sommes aujourd'hui, en train de chercher un moyen de donner vie à notre désir intime, derrière lequel se cache le fameux « je sais que je suis capable de faire mieux ».

Le dépassement de nos limites

On m'a récemment présenté l'une des personnes les plus inspirantes que j'ai jamais rencontrées, Nick Santonastasso, âgé de 22 ans. Nick souffre depuis la naissance du syndrome de Richner-Hanhart, une maladie génétique extrêmement rare qui l'a privé de jambes, l'a doté d'un bras droit à demi-formé et d'une main gauche avec un seul doigt. Dans la vidéo YouTube de Nick intitulée « My Life Story », qu'il a mise en ligne en 2014, il explique qu'il n'existe que douze cas recensés avec ce syndrome. Nick était alors l'une des quatre personnes atteintes de cette maladie encore vivantes.

Étonnamment, il ne laisse jamais son handicap physique l'empêcher de cultiver ses centres d'intérêt ni de réaliser ses rêves. Nick fait du skateboard, du wakesurf (surf sur la vague produite par un bateau), a fait partie d'une équipe de lutte au lycée, a participé à des compétitions de fitness et est devenu mannequin fitness. Il est également passé sur CNN et Fox et il est devenu une star d'Internet avec ses vidéos YouTube hilarantes. Lorsqu'il est passé dans l'émission *Today,* à l'âge de 12 ans, en réponse à une question portant sur la manière dont il tirait son sentiment de ne pas avoir de limites, il a répondu savoir que tout était possible. Il souhaitait simplement tenter des expériences pour son plaisir.

> Il ne craignait pas d'échouer parce qu'il savait qu'il pourrait changer son fusil d'épaule à tout moment et en tenter d'autres.
>
> Malgré des dispositions défavorables, Nick n'a jamais eu de doute sur la personne qu'il était et sur ce qu'il souhaitait, et il s'est créé une vie extraordinaire. Il a refusé d'être défini par la perception des autres. Il a toujours su précisément qui il était et qu'il était destiné à atteindre les cimes, quoi qu'il advienne, car il n'existait aucune autre option. Nick est aussi culturiste, et il diffuse aujourd'hui son message inspirant en tant que conférencier. D'ailleurs, je viens de lui demander de s'exprimer à la prochaine conférence Best Year Ever (Blueprint).

Comme Nick en a pris conscience au plus profond de lui-même, nous savons tous que nous sommes capables d'en faire plus et nous le souhaitons. Nous voulons donner un sens à notre vie et changer les choses dans le monde. Nombre d'entre nous entendent cette petite voix qui nous dit que nous en avons les capacités. Elle est seulement enfouie au milieu des peurs et de l'insécurité, mais bien présente. Vous l'avez peut-être entendue vous-même…

*

Alors, comment vous définissez-vous ?

Si vous n'êtes pas encore en mesure de répondre sérieusement à cette question, ne vous inquiétez pas. C'est le cas pour beaucoup de monde. Chacun évoque alors toutes les étiquettes que les autres leur ont attribuées et qu'ils se sont appropriées. *Je suis une épouse/un mari, une mère/un père, avocat/étudiant, créatif/analytique, une femme d'intérieur/un soutien de famille.* La liste de ces étiquettes peut s'allonger indéfiniment, mais traduit-elle vraiment l'être sans limites que vous êtes ?

Lorsque nous étions enfants, on nous rangeait tous également dans des cases. Un diagnostic clinique, un surnom que nous donnait notre famille, etc., le problème est que nous avons grandi avec ces étiquettes collées à la peau. Certains étaient des *anges* (ma sœur), d'autres étaient des *perturbateurs* (moi). D'autres encore étaient des *sportifs de bon niveau* ou des *artistes.*

Ces noms étiquettes contribuaient à forger notre identité sur la base de ce que notre entourage voyait en nous. Nous avons vite appris qui nous étions à partir de l'impression que nous laissions aux autres. Dans une certaine mesure, ces étiquettes ont également façonné notre cercle d'amis, nos activités, ce que nous aimons et n'aimons pas, ainsi que nos ambitions pour l'avenir. Attention, je ne dis pas que les surnoms ridicules de l'enfance et les diagnostics médicaux sont par essence mauvais. Les surnoms sont souvent un signe d'affection (les gens n'arrêtent pas de m'appeler « Yo Pal Hal » depuis que ma mère m'a donné ce surnom lorsque j'étais DJ dans une radio à 15 ans). Au besoin, les diagnostics médicaux peuvent nous orienter vers l'aide dont nous avons besoin. Le problème se pose quand nous laissons ces noms et ces étiquettes nous définir et nous limiter. Ces limites nous suivent jusqu'à l'âge adulte, période où nous continuons à nous tourner vers les autres pour savoir qui nous sommes.

Je suis particulièrement conscient de ce phénomène avec mes enfants et j'essaie de les préserver de ces étiquettes qui pourraient les enfermer. Ma fille, par exemple, pense qu'elle souffre de TDAH (trouble de déficit de l'attention avec ou sans hyperactivité) et je ne sais pas pourquoi. On ne lui a jamais officiellement diagnostiqué cette maladie et aucun de ces enseignants ne l'a évoquée. Il est possible qu'elle ait entendu parler de mon TDAH (on m'a diagnostiqué ce trouble quand j'étais adulte). Quelle que soit la manière dont cette idée s'est ancrée en elle, je ne veux pas qu'elle se serve de cet autodiagnostic pour limiter ses capacités personnelles.

Lorsque nous parlons du sujet ensemble, je décris le TDAH comme un trait de caractère que certains ont la chance de posséder. Il nous permet d'être créatifs et d'avoir des idées géniales (dans la mesure où notre esprit passe constamment d'une idée à l'autre). J'ai également tapé sur Internet des expressions telles que « personnes célèbres souffrant de TDAH » et lui ai montré les histoires de ces gens qui n'ont jamais laissé ce diagnostic leur poser des limites. J'ai insisté sur le fait que leurs exploits étaient la preuve que le TDAH pouvait être un atout. Je lui ai également expliqué que, même si nous devons parfois fournir un peu plus d'efforts pour rester concentrés, cela ne signifie pas que nous n'en sommes pas capables. L'essentiel est qu'elle seule définisse ce qu'elle est capable de faire. Certains jours, elle accepte l'explication plus facilement que d'autres. Comme le font souvent les adultes, il lui arrive de lutter contre ses limites.

Et nous justifions nos limites

Il nous est tous arrivé d'être blessés et déçus. Nous avons tous vécu des situations où nous aurions aimé que les choses tournent d'une autre façon. Et ça nous usait. Mais ce qui est encore plus usant, c'est quand nous laissons de telles expériences imprégner notre univers intérieur. Notre peur d'être de nouveau blessés nous empêche de prendre des risques et de saisir les occasions. Nous restons « petits ».

Pire, nous laissons cette blessure nous entraîner dans un cycle d'autodestruction qui conforte nos prétendues limites. Ainsi, nous renforçons constamment la croyance selon laquelle nous sommes incapables de faire, d'être ou de posséder ce que nous souhaitons, à cause d'une seule expérience. Nous nous réservons une porte de sortie avant chaque nouvelle occasion, car nous estimons ne pas avoir les aptitudes nécessaires ou nous pensons que cela se soldera par un échec. Nous nous demandons ensuite pourquoi cette vie de rêve à laquelle nous aspirons ne se matérialise pas.

Vous avez certainement déjà entendu quelqu'un justifier ses plaintes en tenant les propos suivants : « Je ne suis pas négatif, mais simplement réaliste » ? C'est un exemple classique de défense de ses propres limites. Et ce n'est même pas logique : en quoi est-ce plus « réaliste » de nous focaliser sur nos limites et d'en parler (ce qui nous dissuade de prendre des mesures pour progresser) que de nous concentrer sur nos capacités illimitées et de les verbaliser (ce qui nous donne de la force et nous rappelle que nous avons la faculté de progresser et d'accomplir toute autre chose) ? Les deux démarches sont aussi réalistes l'une que l'autre, mais en fonction de celle sur laquelle vous vous focalisez, l'impact sur la qualité de votre vie et de votre avenir sera différent.

En outre, personne ne sait vraiment ce qui est possible et ce qui ne l'est pas. Nous ignorons tout simplement ce que nous ne connaissons pas. Chaque jour, des choses autrefois considérées comme incroyables deviennent possibles et finissent par devenir la norme. Jadis, on était persuadé qu'il était impossible pour un homme (ou une femme) de courir le mile (1 609 mètres) en moins de quatre minutes. Comme vous le savez, cela a changé en 1954 lorsque l'athlète britannique Roger Bannister a réalisé l'impossible en parcourant la distance en 3 minutes et 59,4 secondes. Quarante-six jours plus tard, John Landy battait le record de Bannister. Aujourd'hui, des lycéens passent régulièrement sous la barre des quatre minutes.

Certains se souviennent de l'époque antérieure aux mails, aux SMS et aux fax. Les envois postaux constituaient le meilleur mode d'acheminement des lettres et des documents professionnels. J'ai aussi du mal à me souvenir comment nous faisions pour nous rendre en voiture à un endroit que nous ne connaissions pas (tout particulièrement de nuit) avant l'invention du GPS. À une époque pas si lointaine, nous n'avions pas un téléphone mobile à la main en permanence. Aujourd'hui, je dispose à la maison d'un robot prénommé Alexa qui diffuse de la musique pour la famille, émet des rappels, cherche des recettes, raconte des histoires à mes enfants, allume et éteint les lumières, achète des produits en ligne et fait bien autre chose encore. Il y a quelques années, cela n'existait que dans les films de science-fiction. Aujourd'hui, c'est une réalité. Si les personnes responsables de ces inventions avaient cédé à la logique des sceptiques, notre monde serait bien différent.

Concernant l'avenir et le fonctionnement de l'univers, il est très probable qu'il existe encore plus de choses à comprendre que d'éléments déjà découverts. Faire preuve d'un scepticisme salutaire vis-à-vis de notre nature illimitée peut être intéressant, mais un optimisme sain est toujours préférable.

Venir à bout de tous ces conflits

Comment échapper à ce conflit intérieur et connaître un succès illimité dans tous les domaines de notre vie alors que tant d'obstacles se dressent sur notre route ? Nombreux sont ceux qui passent des années en thérapie, mettent des sommes folles dans des séances de coaching et consacrent beaucoup de temps, en vain, dans la quête du bonheur. Je ne dis pas que les thérapies ou le coaching ne sont pas utiles. Je suis vraiment partisan des deux. Mais je suis convaincu que les gens peuvent tirer un maximum de leur existence en prenant les deux décisions simples que nous avons exposées et qui vous sont maintenant familières : afficher une foi inébranlable et fournir un effort extraordinaire. Vous vous souvenez de la boucle de rétroaction que nous avons abordée au chapitre 1 ? C'est ici qu'elle devient cruciale.

Lorsque vous réfléchissez à la conception éclairée du mérite et que vous *décidez* de mériter tous vos souhaits, que vous êtes disposé à fournir l'effort nécessaire pour les obtenir et que vous croyez activement en vos capacités illimitées (au lieu d'accepter les limites que vous vous imposez), vous créez l'énergie et la motivation nécessaires pour améliorer votre existence. Plus vous procédez ainsi, plus vous prenez conscience que cette démarche est authentique – et plus la foi en vous-même augmente. Vous vous savez capable de n'importe quoi, car c'est *vous* qui dictez ce que vous pouvez ou ne pouvez pas faire, et non votre passé, vos parents, la société. Uniquement vous. Prendre ces deux décisions et les tenir *dans la durée* permet de vous libérer du conflit intérieur entre le désir de ne pas avoir de limites et les limites que vous percevez.

Cette boucle de rétroaction vous mettra automatiquement sur la voie des miracles tangibles et mesurables. J'ai bien conscience que la prise de ces deux décisions, simples en apparence et censées vous extraire de votre éternel conflit intérieur (raison essentielle pour laquelle un niveau de réussite durable vous a toujours fui), puisse vous sembler décevante, mais ce sont vraiment les deux ingrédients nécessaires. Ne laissez pas votre peur irrationnelle des possibilités vous dissuader de vivre pleinement cette expérience.

Maintenant que vous avez cerné les quatre manifestations fondamentales des conflits propres à chacun et la façon de les surmonter, nous pouvons passer au chapitre suivant, qui vous explique précisément comment vous plonger dans l'état émotionnel optimal pour que l'équation du miracle porte ses fruits. Un indice : il vous faudra vous libérer de toutes les émotions négatives qui ont, jusque-là, toujours constitué un frein. Mais je vous promets que cela ne vous prendra que cinq minutes environ.

Chapitre 4

DEVENIR ÉMOTIONNELLEMENT INVINCIBLE

Comment vous libérer des émotions négatives qui vous ont inhibé jusque-là

La souffrance que vous créez dans le présent
est toujours une forme de non-acceptation,
de résistance inconsciente à ce qui est.
Sur le plan de la pensée,
la résistance est une forme de jugement.
Sur le plan émotionnel, elle est négative.

ECKHART TOLLE

Ne détestez-vous pas ces matins mouvementés où vous êtes en retard et que peu de temps après avoir sorti votre voiture du garage, vous vous retrouvez dans les bouchons à cause d'un accident ? Ce matin-là, vous devez absolument vous rendre quelque part et un embouteillage était la dernière chose dont vous aviez besoin ! Pire, quid de la personne également en retard, mais impliquée dans l'accident ? *Le/la pauvre,* pensez-vous. *C'est encore pire pour lui/elle.* Bien entendu, vous espérez instantanément qu'il/elle va bien, mais votre attention revient vite à votre situation et à la liste interminable de problèmes à gérer.

Et cette grosse affaire que vous devez conclure ? Vous travaillez dessus depuis des mois. Elle permettra à votre entreprise de gagner beaucoup d'argent et de renforcer sa réputation dans votre secteur d'activité. Chose étonnante, tout s'est mis en place au fur et à mesure. Il ne vous reste plus qu'à obtenir le contrat signé, mais celui-ci n'arrive pas le jour promis par votre contact. Lorsque vous vérifiez s'il est enfin dans votre boîte de réception, vous vous retrouvez face au mail tant redouté indiquant que l'autre partie s'est désistée. *Nooooon !!!* Après avoir lu le mail pour la troisième fois, vous fermez la porte de votre bureau et vous vous mettez à bouder tout le reste de la journée.

Et ne parlons pas des deux billets que vous avez achetés pour un concert auquel vous vouliez aller avec votre femme. C'est votre groupe préféré et vous attendez cette soirée avec impatience depuis des mois. Vous aviez réservé un restaurant et même acheté une nouvelle tenue pour cette soirée. Il n'y a personne d'autre que votre femme avec qui vous avez envie de vivre ce moment et rien ne vous empêchera d'assister à ce concert. Mais une semaine avant la date fatidique, elle vous dit qu'elle a, hélas, un déplacement professionnel. Vous passez les jours suivants à raconter votre déception à qui veut bien l'entendre.

La vie a ses revers. Il existe tellement de moments de l'existence qui échappent à notre contrôle et personne n'aime avoir le sentiment de ne pas être aux commandes. Mais une lumière vous attend au bout du tunnel, car il existe une méthode éprouvée qui élimine toutes les émotions négatives en cinq minutes maximum. Posons-nous quelques instants pour faire le lien entre le fait d'éprouver des émotions négatives et la création de miracles tangibles et mesurables. Comme je l'ai dit plus haut, les miracles sont le fruit d'une possibilité – notion selon laquelle tout est possible pour vous et vous méritez toute la réussite si vous êtes disposé à fournir les efforts nécessaires. Cependant, lorsque votre état émotionnel n'est pas optimal et que vous ressentez du stress, de la peur, de l'inquiétude, des regrets, du ressentiment ou n'importe quelle autre émotion désagréable, vous oubliez ce qui est possible. Vous ne pouvez échafauder de plans ou réfléchir à des solutions créatives pour résoudre vos problèmes. Vous ne débordez pas d'énergie. Au contraire, vous vous appesantissez sur vos émotions négatives. Vous léchez vos blessures, pour ainsi dire. En attendant, les possibilités vous filent sous le nez, car votre cerveau est obnubilé par ces émotions négatives.

Avez-vous déjà réfléchi à la cause fondamentale de chacune de vos émotions négatives ? Je veux parler de toutes les émotions négatives : colère, rage, frustration, tristesse, peine, peur, déception, ennui, haine, contrariété, gêne, culpabilité, inquiétude, etc. Si vous deviez examiner chaque épisode au cours duquel vous avez ressenti une émotion négative, vous évoqueriez probablement une cause particulière. Nous trouvons toujours quelque chose ou quelqu'un que nous désignons comme la cause notre état d'esprit. *Je suis en colère à cause de ce qu'il a dit. Je suis contrarié à cause de ce qui s'est produit. Je suis triste parce que j'ai perdu quelque chose ou quelqu'un. Je suis stressé car j'ai trop de choses à faire. Je suis inquiet car la situation pourrait ne pas tourner comme je l'avais prévu.* Nous désignons à tort les circonstances, les situations et les personnes qui ne répondent pas à nos attentes comme les causes de notre souffrance émotionnelle. Rien ne saurait être plus éloigné de la vérité.

Notre souffrance émotionnelle et les moments où nous nous sentons mal n'ont pas grand-chose à voir avec ce qui se passe *autour* de nous et sont plutôt liés à ce qui se passe *à l'intérieur* de nous. Après avoir lu ce chapitre, vous n'aurez plus jamais besoin de vous sentir mal. Ce que vous êtes sur le point d'apprendre défie à la fois la nature humaine et ce que l'on nous a conditionnés à considérer comme les causes de nos émotions négatives. Il s'agit de la clé qui ouvre la porte sur l'invincibilité émotionnelle. En devenant invincible, *vous* contrôlerez vos émotions et ne serez plus jamais contraint d'éprouver une souffrance émotionnelle, à moins, bien entendu, que vous le souhaitiez (et vous découvrirez bientôt que vous l'avez effectivement voulu à certains moments).

Assumer la responsabilité de nos émotions négatives

Je sais que cela va vous paraître difficile à entendre, mais je dois vous le dire : *toutes les émotions douloureuses que vous avez éprouvées, que vous éprouvez actuellement et que vous ressentirez dans le futur sont totalement facultatives et créées par vous-même.* Je parle ici de chaque émotion douloureuse ou désagréable source d'une lutte intérieure.

Et si je vous disais que vous avez le pouvoir de vous libérer de toute votre souffrance émotionnelle, passée et présente, et de cesser de la générer ? Autrement dit, vous pouvez cesser de créer des émotions négatives et vivre sans aucune souffrance émotionnelle, à partir d'aujourd'hui et pour le reste de vos jours. Voilà ce que j'entends par devenir *émotionnellement invincible.*

Je vais vous raconter une histoire qui remonte à l'époque où j'ai pris conscience que nous avons tous le choix de nous libérer totalement des émotions négatives, quelles que soient les difficultés liées aux circonstances extérieures.

*

Lorsque j'avais 20 ans, j'ai été confronté à une immense épreuve sur le plan émotionnel. Alors que je rentrais chez moi après avoir prononcé un discours lors d'un congrès de vente Cutco, ma voiture a été heurtée de plein fouet par un véhicule qui roulait à plus de 110 km/h et au volant duquel se trouvait un conducteur ivre, puis j'ai été heurté de travers par une autre voiture roulant à peu près la même vitesse. Ce n'est pas la voiture du chauffeur ivre, mais la seconde, celle qui a enfoncé la portière conducteur de mon véhicule, qui a fait le plus de dégâts. Personne n'a été blessé, sauf moi.

L'impact du second véhicule a enfoncé la portière de ma voiture dans mon flanc gauche et m'a brisé onze os, dont le fémur, le cotyle, ainsi que le bassin en trois morceaux. Cinquante minutes après l'accident, j'ai enfin été désincarcéré de ma Ford Mustang par les pompiers, et j'ai fait à ce moment-là une hémorragie mortelle.

Mon cœur s'est arrêté de battre pendant six minutes. Heureusement, on m'a ranimé et transporté en hélicoptère à l'hôpital, où j'ai passé les six jours suivants dans le coma.

Lorsque je me suis réveillé, les médecins m'ont dit que j'allais probablement vivre dans un fauteuil roulant jusqu'à la fin de mes jours (ce n'était pas la meilleure nouvelle à entendre au réveil). Je n'y croyais pas. Ce sont des paroles difficiles à entendre pour quiconque et à n'importe quel âge. Mais dans mon cas, à seulement 20 ans, je me suis simplement dit : *Ce n'est pas possible ; j'ai encore plein de choses à réaliser qui impliquent que je puisse marcher.*

J'ai pris une grande inspiration, laissé disparaître ce réflexe initial, puis j'ai repensé à ce que les médecins venaient de me dire. À cet instant, allongé dans un lit d'hôpital, je me suis souvenu que j'avais à la fois la responsabilité *et* l'occasion de choisir ma réaction. Je pouvais opter pour une réaction qui me découragerait et me déresponsabiliserait, du genre : *Ce n'est pas juste. Je ne mérite pas ça. Je déteste ce qui m'est arrivé. Ma vie est foutue.* Je pouvais aussi choisir une réaction qui m'encouragerait et me responsabiliserait, comme : *Je ne peux rien y faire. Inutile de me sentir mal vis-à-vis de ma situation. J'ai tant de raisons d'être heureux. Ma vie est ce que j'en fais.* J'avais le choix entre résister à la réalité et m'accrocher à mes pensées et mes émotions négatives ou accepter de manière inconditionnelle ma situation et me libérer de ma souffrance émotionnelle. J'ai choisi la seconde solution.

J'ai décidé d'accepter la réalité sans poser de conditions : *J'ai eu un accident de voiture, je me suis retrouvé avec onze os brisés, je souffre de dommages cérébraux irrémédiables et les médecins pensent que je ne remarcherai jamais.* J'ai accepté cette situation au bout de cinq minutes.

Cinq minutes ? Je n'y crois pas !, vous dites-vous peut-être, à moins que vous soyez proactif et que vous vous demandiez : *Comment a-t-il fait ?* Eh bien, lors des dix-huit mois précédant mon accident, dans le cadre de mes fonctions de commercial, j'avais, sans le savoir, conditionné mon cerveau à faire face à cet épisode. L'*acceptation* (le contraire de la résistance) était devenue mon état émotionnel par défaut.

La règle des cinq minutes

Quand j'étais dans mon lit d'hôpital, il m'est immédiatement venu à l'esprit ce que mon premier responsable chez Cutco, véritable expert en miracles, m'avait appris lors de ma formation initiale. Il appelait cela « la règle des cinq minutes ». Elle disait en gros ceci : « On peut se sentir mal face à une situation qui ne se passe pas comme prévu, mais pas plus de cinq minutes ». Jesse nous avait appris à régler le minuteur de notre téléphone sur cinq minutes à chaque fois que nous vivions un échec, une déception ou que nous nous retrouvions face à n'importe quel résultat indésirable. Nous avions alors cinq minutes pour nous sentir mal.

Nous avions le droit de râler, de pleurer, de nous plaindre, de décharger notre colère, de frapper dans un mur, ou d'opter pour tout autre mode de défoulement, pendant cinq minutes. Ces cinq minutes nous laissaient le temps nécessaire pour vivre nos émotions, mais ses limites évitaient qu'on s'apitoie pendant un temps infini, inutile et malsain. Ainsi, nous ne tombions pas dans ce trou noir émotionnel où la plupart des gens continuent à vivre les émotions négatives de leurs tourments.

Jesse nous a appris à dire à voix haute : « Je ne peux pas changer la situation » une fois le délai imparti écoulé, de manière à accepter l'idée que si nous ne pouvons rien changer, il est non seulement inutile, mais pénible de résister – c'est-à-dire de dépenser toute son énergie à souhaiter que la situation soit différente. Cette attitude crée une souffrance mais ne peut pas modifier l'événement que vous percevez comme en étant la cause.

Lorsque j'ai découvert la règle des cinq minutes, je me souviens avoir pensé : *Hum… cinq minutes ? Il va me falloir bien plus de cinq minutes pour exprimer ma contrariété lorsque quelque chose cloche !* Puis j'ai commencé à l'appliquer. Quand l'un de mes clients appelait pour annuler sa commande, dès que nous avions raccroché, je réglais immédiatement le minuteur de mon téléphone sur cinq minutes. J'arpentais mon bureau en jurant et me laissais consumer par mes pensées et mes émotions négatives. Je résistais à ce qui venait de se produire en souhaitant que la perte de cette vente ne se soit pas produite. Puis la sonnerie du minuteur se faisait entendre. Et vous savez quoi ? Comme je l'avais prévu… j'étais toujours contrarié ! *Cinq minutes, ce n'est pas assez !*, hurlais-je dans ma tête. Mais j'ai persévéré et, étonnamment, en deux ou trois semaines, tout a changé.

Je déclenchais le minuteur, commençais à jurer, puis je prenais mon téléphone et je constatais qu'il me restait encore quatre minutes et dix-sept secondes pour exprimer ma contrariété. Cependant, désormais conscient qu'il m'incombait de choisir de résister à ma situation ou d'accepter ce qui appartenait au passé et échappait à mon contrôle, j'ai décidé d'opter pour l'acceptation. Je me suis dit : *Pourquoi rester contrarié les quatre prochaines minutes alors que je pourrais les utiliser à une tâche utile ?* J'avais pour ainsi dire commencé à forger mon invincibilité émotionnelle et j'étais capable d'opter plus rapidement pour l'acceptation inconditionnelle.

La règle des cinq minutes est à ce point efficace qu'elle rend limpide l'enseignement sur la souffrance émotionnelle : *ce n'est pas l'expérience, les circonstances où l'événement qui causent notre souffrance émotionnelle, mais notre refus d'accepter la vie telle qu'elle est et d'aller de l'avant.* C'est quand nous traînons les pieds et disons « Ce n'est pas possible ! » que nous sommes envahis d'émotions douloureuses et improductives. Cela vaut pour quelque chose qui s'est produit il y a cinq minutes, cinq mois ou cinquante ans. Tant que vous résisterez à la situation et souhaiterez qu'elle soit différente, vous continuerez à générer de la douleur et à l'entretenir. Dès que vous l'accepterez, vous en serez libéré.

*

Revenons au moment où j'étais dans mon lit d'hôpital. J'ai pris mes cinq minutes de rejet face à ma nouvelle situation. Puis je me suis souvenu que je ne pouvais pas la modifier. Il ne valait pas la peine de résister, c'était inutile. J'ai fait le choix délibéré de l'accepter – totalement. Oui, en cinq minutes. Maintenant, si vous estimez que c'est plus facile à dire qu'à faire, vous avez raison. Souvenez-vous, je pratiquais la règle des cinq minutes depuis un an et demi, ce qui explique que j'aie pu l'appliquer si rapidement. Même si cela avait demandé cinq heures ou cinq jours, le choix d'accepter la situation telle qu'elle est m'a rendu plus de service que de souhaiter ne pas l'avoir vécue et la laisser me toucher de manière négative pendant le reste de mes jours.

Au cours des deux jours suivants, toujours dans mon lit d'hôpital, j'ai réfléchi à ma position. J'ai pensé à ma vie en fauteuil roulant et à la manière dont je me glisserai et m'extirperai d'une voiture, dont j'exercerai mon métier, dont je gérerai ma vie amoureuse, etc. Et j'en tirais toujours la même conclusion : *beaucoup de choses me rendent heureux et ma vie sera ce que j'en ferai.*

Cela ne vous rendra pas heureux

Maintenant, soyons francs : la perspective de me retrouver dans un fauteuil roulant pour le reste de mes jours ne m'*enchantait* pas, mais j'avais accepté que cela puisse être le cas, ce qui constitue une énorme différence. Dans de nombreuses doctrines philosophiques, le bonheur est un but ultime. Il n'y a pas de mal à cela. J'aime être heureux. Le bonheur est une émotion et les émotions sont éphémères. Vous est-il déjà arrivé d'être heureux, puis qu'une conversation désagréable vienne soudain modifier cet état d'esprit ? Vous pouvez être heureux, puis contrarié l'instant d'après. Contrairement à ce que nous pensons, le bonheur n'est peut-être pas un but en lui-même.

J'ai intitulé cette section « Cela ne vous rendra pas heureux » car lorsqu'un événement indésirable se produit, ce n'est pas parce que vous l'acceptez qu'il est source de joie. Personnellement, je n'étais pas heureux d'avoir été victime d'un accident de voiture et d'apprendre que je ne remarcherai jamais. Plus tard, je n'ai pas été heureux que l'on me diagnostique un cancer et que l'on m'annonce que le pronostic était sombre. Me retrouver coincé dans un embouteillage alors que je suis déjà en retard à une réunion ne me rend pas heureux non plus. Mais l'acceptation nous rend un service bien plus impressionnant que le simple fait de se sentir heureux.

Sachez qu'il existe deux grands types d'émotions, celles qui ont une charge *positive* et celles qui ont une charge *négative.* Les émotions positives, comme le bonheur, la joie, l'enthousiasme, la gratitude, l'amour, etc., génèrent en nous une énergie agréable qui nous fait nous sentir bien. Les émotions négatives, telles que la peur, la colère, la jalousie, les regrets et le ressentiment génèrent en nous une énergie désagréable qui nous fait nous sentir mal. Dans l'espace entre les deux se trouve le royaume de la paix intérieure, que nous recherchons. La paix intérieure n'est pas une émotion. C'est un état. Il n'est chargé ni positivement ni négativement sur le plan émotionnel, il est neutre.

La paix intérieure est un niveau de conscience, ou, plus précisément, une *conscience éveillée,* et c'est dans cet espace que nous pouvons, à un moment précis, choisir de vivre n'importe quelle émotion. La paix intérieure nous offre l'espace émotionnel nécessaire pour créer ce que nous souhaitons et c'est le point de départ pour générer des miracles. C'est un état inaltérable auquel nous pouvons accéder à tout moment par l'acceptation. Il dépend uniquement de notre volonté de prendre la décision d'accepter de manière inconditionnelle toutes les situations et les circonstances de la vie qui ne peuvent être modifiées et échappent à notre contrôle. Autrement dit, l'acceptation est la clé qui déverrouille la porte et l'ouvre sur l'invincibilité émotionnelle. Accepter tout ce que je ne contrôlais pas (l'accident de voiture, mes os brisés, les dommages cérébraux, le séjour à l'hôpital, l'éventualité de ne plus jamais marcher, sans parler des cicatrices définitives sur mon visage, mon bras, mon torse, ma jambe, entre autres) m'a permis de ressentir une paix intérieure exempte de toute souffrance émotionnelle créée par moi-même. Grâce à l'acceptation, la disparition de toute résistance et de toute souffrance inutiles a ouvert un espace dans lequel je pouvais concentrer mon énergie sur les éléments qui étaient encore sous contrôle, afin de m'offrir la meilleure existence possible malgré une position que je n'avais pas souhaitée ni même imaginée.

*

Évidemment, selon les médecins de l'époque, la plupart des victimes d'accident ne digèrent pas ainsi ce type de nouvelles. Elles résistent automatiquement à leur nouvelle situation et s'attardent sur ce qu'elles ont perdu. En proie à une grande tension, elles visualisent l'existence qu'elles auraient dû avoir et se laissent consumer par leurs émotions négatives. C'est ce que l'on considère comme « normal ». Comme nous l'avons appris au chapitre 3, notre cerveau est programmé pour repérer les dangers et se focaliser sur eux. Nous sommes en quelque sorte paramétrés pour cet état émotionnel négatif à chaque fois que se produit un événement non conforme à nos attentes. Si l'on demandait à quelqu'un d'imaginer les pires situations qui seraient pour lui source d'émotions négatives, il y a de fortes probabilités qu'une collision avec un conducteur ivre dont on sort sans jamais plus remarcher serait citée en premier par la plupart d'entre nous.

Alors que j'avais accepté cette nouvelle réalité, les médecins restaient axés sur un mode de traitement adapté aux événements traumatiques. D'après ce que l'on m'a raconté, trois semaines environ après mon accident et à peu près une semaine après que je fus sorti du coma, mon psychiatre, le Dr Lebby, a accueilli mes parents à l'hôpital et les a conduits dans son bureau.

« Ravi de vous revoir, Mark et Julie. Merci d'être venus aujourd'hui. Je souhaitais simplement faire un point sur l'état de santé de Hal, physiquement, mais aussi mentalement et émotionnellement », a-t-il dit à mes parents pendant qu'ils prenaient place sur un siège devant lui. Il leur expliqua alors que, physiquement, j'allais très bien. « Je sais que les deux semaines qui viennent de s'écouler ont défié l'entendement pour Hal et vous-mêmes. Mais je suis sûr que le pire est passé et je ne vois aucune raison pour qu'il ne vive pas vieux et en bonne santé. »

Ma mère s'est mise à pleurer. Les yeux de mon père se sont embués de larmes, il a passé son bras autour des épaules de ma mère et l'a serrée fort.

Le Dr Lebby a poursuivi : « Mais nous avons un souci qui nécessiterait votre aide. Après avoir évalué son état mental et émotionnel, nous pensons que Hal est dans une sorte de déni. » Il expliqua ensuite à mes parents qu'il en était persuadé, car, à chaque fois que lui-même, ou un membre de l'équipe soignante, interagissait avec moi, j'étais *toujours* heureux et optimiste. Je plaisantais et les faisais rire à la moindre occasion. « Je suis au contact de victimes d'accident depuis de nombreuses années, continua-t-il. Et, bien que le comportement de Hal ne soit pas tout à fait normal, il arrive que ceux qui ont vécu une telle expérience aient du mal à faire face à leur nouvelle situation. Hal refoule très probablement des émotions douloureuses telles que la tristesse, la peur, la colère ou la dépression. » Il expliqua que je me comportais peut-être ainsi délibérément car je ne souhaitais pas éprouver ces émotions, ou que ce pouvait être totalement inconscient. « D'une manière ou d'une autre, a-t-il ajouté, ces émotions finiront par remonter à la surface et il devra affronter la réalité à un moment donné. Nous préférerions que cela se produise à l'hôpital, car nous pourrons le surveiller et l'aider à accepter ses émotions douloureuses, plutôt que le laisser gérer cela tout seul plus tard, car cela pourrait entraîner une dépression, ou même quelque chose de plus grave. »

Mes parents avaient l'impression que je gérais mon accident avec une attitude résolument positive. Ils comprenaient maintenant que cet état d'esprit positif était peut-être illusoire. Ils se sont tous les deux avancé sur leur chaise.

« Qu'entendez-vous par “quelque chose de plus grave” ? », a demandé mon père.

« Eh bien, il n'est pas rare que les victimes d'accident réagissent à leur traumatisme en s'adonnant à de mauvais penchants afin de se détourner de leur douleur émotionnelle et de bénéficier d'un soulagement temporaire. L'addiction à la drogue ou à l'alcool est très courante et le taux de suicide chez les victimes d'accident est significativement plus élevé. » Le Dr Lebby a expliqué que cela ne signifiait pas forcément que j'allais emprunter cette voie, mais il estimait que la meilleure chose pour moi serait de me confronter à ce que je ressentais vraiment afin que les médecins puissent me guider dans la gestion de mes émotions avant de quitter l'hôpital.

« Alors, que pouvons-nous faire pour que Hal s'ouvre à ces émotions qu'il refoule selon vous ? » demanda ma mère.

Le Dr Lebby dit qu'il désirait que mes parents me parlent afin de découvrir comment je me sentais *vraiment*. Il souhaitait les voir me rassurer sur le fait qu'il est normal de ressentir de la tristesse, de la peur, de la colère ou de la dépression. Il voulait que je sache que je pouvais éprouver sans danger ces émotions à l'hôpital.

Plus tard, ce jour-là, mon père est entré dans ma chambre. J'étais assis dans mon lit, avec une blouse trop grande pour moi, en train de regarder *Oprah* sur le téléviseur de 71 cm accroché au mur. Un sourire forcé était apparu sur le visage rougi de mon père et je voyais également qu'il avait les yeux gonflés et remplis de larmes. Je sentis immédiatement que quelque chose ne tournait pas rond.

« Comment vas-tu, Hal ? », demanda-t-il en approchant une chaise près de mon lit.

« Très bien, papa. Pourquoi ? Qu'est-ce qui se passe ? » Je scrutais son visage en essayant de percevoir un indice de ce qui allait suivre.

Mon père m'a expliqué qu'il savait que je m'en sortais lorsque j'avais des visiteurs, mais il souhaitait savoir comment je me sentais *vraiment* lorsque j'étais seul, à repenser à l'accident et à ce qui m'était arrivé. Étais-je triste, effrayé, en colère ou déprimé ?

Et je l'ai écouté en opinant du chef, même si ses questions m'interloquaient.

Il m'a parlé des inquiétudes de mon médecin et m'a dit qu'il compatissait, me disant qu'il comprenait que je sois effrayé à la perspective de ne plus jamais remarcher, que ma situation me déprime ou que j'éprouve de la colère vis-à-vis du conducteur ivre. Il a ajouté que tous ces sentiments étaient normaux et légitimes.

Je suis resté silencieux pendant un moment tout en étudiant sérieusement ses questions. *Est-ce que je me sens triste... effrayé... en colère... ou déprimé ? Suis-je dans le déni, en train d'étouffer ces émotions douloureuses, ce que les médecins jugent « normal » pour quelqu'un dans ma situation ?* Sachant que j'ai passé les six derniers jours, depuis que je suis sorti du coma, à gérer ma nouvelle situation, il ne m'a pas fallu longtemps pour exprimer la façon dont je me sentais vraiment.

« Papa, je pensais vraiment que tu me connaissais mieux que ça. »

Mon père leva les sourcils, mais ne dit rien.

« Tu sais que j'applique la règle des cinq minutes, n'est-ce pas ? »

Mon père fit oui de la tête. « Bien sûr, je crois que je t'ai déjà entendu en parler. »

« Eh bien, cela fait bientôt deux semaines. Mes cinq minutes sont donc bien loin. »

Mon père gloussa. Je poursuivis : « J'ai largement dépassé le stade de me sentir mal à propos de quelque chose que je ne peux pas changer. J'ai plutôt choisi d'être heureux de mon sort. Après avoir vu les photos de ma Ford Mustang déchiquetée, je suis heureux d'être en vie ! Je suis persuadé que les événements se produisent pour une bonne raison, mais je crois également qu'il est de notre responsabilité de décider quelle est cette raison. Il m'incombe donc maintenant de trouver ce que je peux tirer de cette expérience et la transformer en quelque chose de positif. »

Je convainquis mon père que je n'étais pas dans le déni. En fait, c'était même l'inverse : plutôt que de nier la réalité, je l'avais totalement acceptée, cette réalité passée, présente et future. Elle ne contrôlait donc absolument pas mon état émotionnel. Si les médecins avaient raison sur le fait que je ne remarcherai jamais, j'avais décidé que je pouvais être soit déprimé par cette situation, soit heureux de tout ce qui me restait dans la vie. Quoi qu'il en soit, j'allais me retrouver dans un fauteuil roulant. Je lui dis : « J'ai déjà accepté cette éventualité et décidé que si je demeure dans un fauteuil roulant pour le reste de mes jours, je serai la personne la plus heureuse et reconnaissante qui existe dans cet état ! »

Je me suis également dit que, même si c'était peut-être improbable, il était encore possible que je remarche. Gardez à l'esprit que je ne résistais pas à ce que les médecins m'avaient annoncé et que je n'étais pas non plus dans le déni. Je considérais simplement que remarcher était une possibilité non prise en compte par le corps médical, car les probabilités étaient minces. J'ignorais comment, ni si cela allait se produire, mais j'étais déterminé à faire tout ce qui était en mon pouvoir pour que mon objectif de remarcher passe du stade du possible... à celui du probable... puis à celui de l'inévitable.

Je me suis donc imaginé en train de marcher. J'ai prié pour que cela se produise. J'y ai pensé. J'en ai parlé. J'ai conservé une foi inébranlable en cette possibilité toujours existante. J'ai fait de la physiothérapie chaque jour sans exception. Et quand mon physiothérapeute me disait que la séance était terminée, je demandais – parfois avec insistance – à en faire plus. C'était l'effort extraordinaire que je fournissais. Trois semaines après mon accident de voiture, vous auriez pu dire qu'un miracle s'était produit. Les médecins sont venus dans ma chambre avec des radios de ma jambe et de mon bassin brisés. Ils m'ont dit, ainsi qu'à mes parents, qu'il ne comprenait pas comment, mais mon corps avait guéri trois semaines seulement après la collision, à tel point que j'allais pouvoir faire mes premiers pas *ce jour-là*. Et c'est ce que j'ai fait.

Je suis persuadé que cela est dû au fait que j'avais choisi d'accepter totalement ce que je ne pouvais changer, la situation telle qu'elle était, ce qui m'avait libéré de toute souffrance émotionnelle et permis de centrer toute mon énergie sur ce que je souhaitais. L'acceptation inconditionnelle m'avait apporté l'invincibilité émotionnelle qui a contribué à la création du miracle tangible et mesurable consistant à remarcher.

Évacuer la souffrance émotionnelle passée, présente et même future

Nombre des personnes que j'ai coachées, ou à qui j'ai parlé après une intervention, comprennent bien ce concept, mais ont du mal à se faire à l'idée qu'il peut fonctionner pour elles-mêmes. Les années de souffrance émotionnelle sont devenues leur quotidien. Elles se demandent : *Comment accepter cette situation horrible à laquelle je fais face aujourd'hui ?* Elles ont généralement la tête dans les épaules et me parlent avec un regard sombre. Je peux dire que, quel que soit le défi à relever, elles luttent véritablement. Leur souffrance est profonde.

J'explique qu'il n'existe qu'une seule cause de souffrance émotionnelle, que l'on peut résumer en un mot : la *résistance.* En bref, **toute la souffrance émotionnelle que**

nous avons vécue, que nous vivons aujourd'hui ou que nous vivrons dans le futur est le fruit d'une résistance à notre réalité. La résistance apparaît généralement sous la forme suivante : désirer qu'une situation soit différente alors que ce n'est pas possible. Il peut s'agir de souhaiter qu'une chose se soit ou ne se soit pas produite dans le passé, de résister à une situation actuelle ou de s'inquiéter (autre forme de résistance) pour quelque chose qui pourrait ou non advenir. Et c'est le degré de résistance à notre réalité (la force avec laquelle nous souhaitons qu'une situation sur laquelle nous n'avons pas de contrôle soit différente) qui détermine l'ampleur de la souffrance émotionnelle.

Réfléchissez : si vous êtes coincé dans une longue file d'attente au supermarché alors que vous devriez déjà être en route vers un rendez-vous, votre niveau de résistance à la vitesse d'exécution des caissières va se révéler plutôt faible. Le degré de votre émotion négative est proportionnel à celui de votre résistance, c'est-à-dire à votre mécontentement, votre impatience ou votre frustration. Dans une situation extrême, admettons que vous ayez été licencié de manière imprévisible d'un poste qui vous offrait, à vous et à votre famille, une sécurité financière, et que vous ne disposiez d'aucun plan B. Le degré de résistance à cette réalité sera probablement plus élevé que celui qui se manifeste à l'idée d'être en retard à un rendez-vous. Vous éprouverez probablement de la colère, du ressentiment, du désespoir ou une peur de l'inconnu.

Dans ces deux exemples, l'événement vécu est estimé, à tort, comme la cause de cette souffrance. Cependant, la cause n'est jamais l'événement en soi, mais notre réaction-résistance à ce dernier. La preuve en est avec le simple fait qu'une même tragédie peut toucher deux personnes différentes : l'une résiste à l'événement, considérant qu'il s'agit de la pire chose qui lui soit arrivée, à même de détruire son existence, tandis que l'autre l'accepte et décide d'en tirer des enseignements, de grandir et de devenir meilleure *grâce à* cette tragédie. C'est la même expérience, mais qui débouche sur deux réactions émotionnelles opposées.

La seule manière de ne jamais éprouver de nouvelle souffrance émotionnelle consiste à décider en toute conscience d'accepter tout ce qui vous est arrivé ou va vous arriver. J'ai même appliqué ce principe à ma propre mort, et vous pouvez en faire autant. Comme bon nombre de personnes, j'étais terrifié à l'idée de mourir. Mais j'ai pris conscience qu'il est inutile de craindre quelque chose d'inévitable. La naissance et la mort sont les deux faces d'une même pièce. En acceptant tout ce que vous ne pouvez pas changer (et la mort entre vraiment dans cette catégorie), vous vous offrez la possibilité d'être en paix avec la vie telle qu'elle est au lieu de créer de la souffrance au sujet des aspects de l'existence, passés, présents ou futurs, sur lesquels vous n'avez pas de prise. N'oubliez pas, vous n'êtes pas tenu d'être *heureux* des situations que vous ne pouvez changer, mais vous pouvez les accepter, être en paix avec elles et ainsi éviter de passer votre vie à souffrir.

Accepter, car je ne peux rien y changer !

Lorsque j'ai démarré ma carrière de conférencier, j'intervenais surtout dans des universités. Deux semaines après avoir pris la parole à Toronto, j'ai reçu un mail de Devon Taylor, une jeune femme de 27 ans qui avait assisté à ma présentation. Elle avait joint à son message une photo de son poignet sur lequel elle avait fait tatouer, ce jour-là, trois mots que j'avais prononcés dans mon discours : CAN'T CHANGE IT (je ne peux rien y changer). La lecture de son mail m'a fait monter les larmes aux yeux et m'a d'autant plus convaincu sur le pouvoir universel de l'acceptation.

Elle avait réalisé ce tatouage précisément ce jour-là, car c'était le dizième anniversaire de la mort de son père. En résumé, elle m'a dit qu'elle avait passé ces dix dernières années dans un état de dépression profonde, enchaînant les thérapies et vivant sous antidépresseurs. Elle avait l'impression d'être dépressive à cause de la mort de son père et tout son entourage avait renforcé cette croyance. Des paroles telles que « Ma pauvre, je n'imagine pas ton état d'esprit » l'avaient conduite à croire qu'elle était *censée* être dans cet état, même des années après la mort de son père.

Dans son mail, elle expliquait qu'après m'avoir entendu parler d'acceptation, de la règle des cinq minutes et du mantra « Je ne peux rien y changer », elle a commencé à penser que sa dépression n'était pas due à la mort de son père, mais peut-être à sa résistance permanente à la disparition. Personne ne lui avait jamais dit qu'elle pouvait délibérément choisir d'accepter cette disparition, cesser de résister à la réalité en souhaitant qu'elle ne soit pas produite et s'offrir un peu de tranquillité.

Elle écrivait que deux semaines après mon discours, et pour la première fois depuis dix ans, elle ne se sentait plus dépressive. Et chaque fois qu'elle commençait à être submergée par ces émotions familières et douloureuses, elle faisait une pause, respirait profondément, prononçait les mots : « Je ne peux rien y changer » et optait pour la paix. Elle avait décidé de se faire tatouer « CAN'T CHANGE IT » pour se souvenir en permanence qu'elle ne laisserait plus jamais la mémoire de son père générer de la souffrance. Elle a délibérément choisi de remplacer cette souffrance émotionnelle par une profonde gratitude pour tous les moments passés avec lui.

Prenez de la hauteur

Vous ne pouvez pas juger dans l'instant si une expérience est « bonne » ou « mauvaise ». Notre résistance apparaît lorsque nous la qualifions ainsi et lorsque nous résistons à celles que nous jugeons mauvaises. Cependant, la plupart du temps, il est impossible de savoir, dans l'instant ou peu de temps après, si l'expérience est bonne ou mauvaise. Souvent, les situations les plus graves sont riches d'enseignements et sont l'occasion de grandes avancées. Personnellement, j'ai toujours considéré mon accident de voiture comme l'une des meilleures choses qui me soient arrivées, car il m'a rendu plus fort et il a été le déclencheur de ma carrière d'auteur et de conférencier. De même, après que l'on m'eut diagnostiqué un cancer, j'ai dit à ma femme Ursula : « C'est la meilleure chose qui me soit arrivée dans l'existence. » Il faut souvent laisser faire le temps, réfléchir et prendre du recul pour bien cerner la valeur des difficultés auxquelles nous sommes confrontés. Par exemple, une relation amoureuse prend fin et vous êtes dévasté. Cela se traduit par des semaines, des mois ou des années de souffrance. Puis, vous trouvez l'amour de votre vie et finissez par être heureux que votre précédente relation ait cessé pour laisser place à une autre, plus épanouissante. On dit souvent que le recul correspond à la note de 20/20. Assurément. Et pourquoi souffrir et attendre un moment futur pour tirer les leçons des difficultés rencontrées ? Les accepter de façon inconditionnelle offre l'espace et la liberté nécessaires pour les considérer paisiblement, presque immédiatement (ou en cinq minutes).

Les problèmes n'existent pas. Le mot « problème » lui-même ne sert qu'à qualifier une situation. Les situations ne deviennent des problèmes que si vous choisissez de les percevoir ainsi. Plusieurs termes existent pour décrire un événement : problème, opportunité, élément déterminant ou tout autre acception de votre choix. L'étiquette que nous accolons à chacune des situations rencontrées crée la façon dont nous la percevons et la vivons. Vous souhaitez générer en vous du stress et rendre votre vie plus difficile qu'elle ne doit l'être ? Alors, qualifiez de « problème » toutes les situations indésirables que vous rencontrez et continuez de les empiler les uns sur les autres. Mais cela vous occupera beaucoup trop pour pouvoir construire une vie de niveau 10.

De même, vous ne pouvez juger si les émotions sont « bonnes » ou « mauvaises ». Elles sont inévitables. Nous sommes des êtres humains et, par essence, des êtres émotionnels. Si quelqu'un vous fait du tort, vous allez probablement commencer par éprouver de la colère, de la déception ou de la frustration à son égard. Si vous perdez un être cher, vous éprouveriez naturellement de la tristesse, du désespoir ou un sentiment de perte. Toutes ces émotions sont naturelles. Notre objectif n'est pas d'éliminer les plus négatives, mais de modifier le rapport que nous entretenons avec elles.

La difficulté n'est pas liée à nos émotions initiales. C'est ce que nous en faisons qui nous fait avancer ou nous brise. Quoi que vous viviez de difficile, si vous l'acceptez, vous serez en paix et vous passerez à autre chose, vous serez alors dans le vrai. Les problèmes viennent de notre jugement et de notre résistance à la réalité. La résistance initiale est l'élément déclencheur de la souffrance. Le jugement négatif que nous portons sur une émotion négative et la résistance qui s'ensuit nous rendent prisonniers et entretiennent notre souffrance. Nous ne cessons de passer du jugement à la résistance et réciproquement, ce qui est dommageable sur le plan émotionnel.

Lorsque nous considérons que nos émotions sont « mauvaises », nous amplifions l'effet qu'elles produisent sur nous. Vous est-il déjà arrivé de vous réveiller avec une tristesse sans objet et d'entendre votre petite voix intérieure vous dire : *Pourquoi je ressens ça ? Quelque chose doit clocher.* Immédiatement, votre sensation de tristesse s'amplifie. *Je suis peut-être dépressif !!!* Plus nous nous appesantissons sur un sentiment, plus nous nous jugeons à travers celui-ci, plus nous nous sentons mal.

Les émotions dotées d'une charge négative ne doivent pas être considérées comme des ennemies. En fait, toutes les émotions ont un sens. Si vous perdez un ami ou quelque chose d'important, vous sentir triste n'est pas seulement naturel, c'est aussi salutaire. Il faut parfois éprouver une douleur qui résulte d'un choix que nous avons fait pour ne pas reproduire les mêmes erreurs. L'essentiel, c'est de garder les commandes de votre état émotionnel et non de laisser les circonstances et les événements échapper à votre contrôle et dicter vos émotions.

Ne rêvez pas d'une vie parfaite, voyez juste ce qui est parfait dans celle d'aujourd'hui. Nous faisons toujours notre possible pour tendre vers la perfection (avec une culpabilité sous-jacente), puis nous évaluons notre vie réelle à l'aune de cet idéal. Ce n'est qu'une autre forme de résistance. Vous résistez à la réalité, vous vous concentrez sur ce qui vous manque en comparant avec un idéal et vous créez ainsi une frustration. Vous pouvez tout aussi bien opter pour cette pensée : *ma vie est parfaite comme elle est.* Lorsque j'ai eu un cancer et que je vivais l'une des années les plus difficiles de mon existence, l'un de mes mantras favoris est devenu : *Ma vie est toujours parfaite. Je suis exactement où je dois être pour en tirer les leçons qui me permettront de créer tout ce que je veux.* Il m'était impossible de modifier mon diagnostic, j'ai donc choisi de l'accepter, de vivre en paix avec lui et de prendre la décision d'être heureux comme je ne l'avais jamais été même en vivant la période la plus difficile de mon existence. J'ai choisi de considérer mon diagnostic et les enseignements qu'il m'apportait comme une partie intégrante d'un idéal de vie. Vous pouvez en faire autant dans les situations difficiles.

*

Lorsque les gens m'entendent raconter l'histoire de mon accident de voiture et découvrent que j'ai complètement accepté ma situation alors que j'étais encore sur un lit d'hôpital, ils sont généralement sceptiques ou surpris que je n'aie pas au moins éprouvé de la colère vis-à-vis du conducteur ivre. « Comment avez-vous fait pour ne pas le détester ? » ont demandé certains. Il leur arrive même d'être en colère à ma place. Mais je ne le déteste pas. En fait, je n'éprouve absolument aucun sentiment négatif à son égard. Tout ce que j'ai ressenti pour lui, de l'accident jusqu'à maintenant, c'est de l'*empathie.*

Voyez-vous, je n'ai jamais vécu sa vie. Peut-être qu'à sa place, j'aurais fait le même choix, j'aurais conduit en ayant bu ce soir-là. Il est facile de juger les autres à partir de ce que nous vivons et de la personne que nous sommes. Cependant, réfléchissez à quelqu'un que vous avez jugé ou qui vous a contrarié. *Si vous aviez vécu son existence, si vous étiez né avec son cerveau, aviez été élevé par ses parents et influencé par ses amis, il y a fort à parier que vous raisonneriez et agiriez exactement comme il le fait.* Cette constatation incite à l'empathie et à aimer les gens de manière inconditionnelle. Nous pouvons les accepter tels qu'ils sont tout en leur permettant de devenir la meilleure version d'eux-mêmes.

On me pose souvent cette autre question : *comment savez-vous ce que vous pouvez ou ne pouvez pas changer ?* La réponse est simple : vous pouvez uniquement modifier vos actes dans le présent, ce qui ouvrira sur des situations différentes dans le futur. Les circonstances passées sont figées. À ce stade, seul votre avenir est malléable.

Vous ne pouvez pas faire disparaître l'inondation qui a envahi votre sous-sol. Vous ne pouvez pas supprimer les dégâts sur votre portière de voiture causée par un accrochage. Vous ne pouvez pas retirer les propos que vous avez tenus ni ceux de quelqu'un d'autre. Une fois que cela s'est produit, c'est trop tard, impossible de remonter le temps pour changer les choses, à moins bien sûr que vous soyez Marty McFly[5] et que vous rouliez à bord d'une DeLorean qui voyage dans le temps.

Lorsque vous acceptez le passé de manière inconditionnelle, vous faites disparaître le ressentiment, les regrets, la colère, la culpabilité et n'importe quelle autre émotion négative générée par votre résistance. Lorsque vous acceptez toutes les situations imprévues à venir (soit *accepter la vie avant qu'elle se déroule*), vous évacuez la peur, l'inquiétude, l'anxiété et toutes les formes de souffrance émotionnelle inutile.

5 Incarné par l'acteur Michael J. Fox dans *Retour vers le futur* (1985).

Pour vous assurer une paix intérieure et devenir émotionnellement invincible, vous devez éliminer toute résistance à ce qui s'est produit et à tout ce qui va se produire, quelle que soit la souffrance ressentie à l'époque ou la peur de l'inconnu. Vous y parviendrez en acceptant la réalité de manière inconditionnelle. Voici les trois techniques à employer pour y parvenir.

1. **La règle des cinq minutes :** cela a été ma première mesure. Réglez votre minuteur et accordez-vous cinq minutes pour vivre pleinement vos émotions. Donnez des coups de pied, hurlez, pleurez, plaignez-vous : faites tout ce qu'il faut pour exprimer ces émotions. Une fois le délai écoulé, acceptez la situation en prononçant six mots puissants…
2. **Le mantra « Je ne peux rien y changer » :** rappelez-vous que vous ne pouvez pas changer ce qui s'est déjà produit, que ce soit cinq minutes auparavant, cinq mois ou cinquanteans, et qu'il n'y a donc aucun intérêt à souhaiter changer les choses. Vous ne pouvez pas modifier le passé ni changer les aspects immuables de votre présent ou de votre futur. Comprenez que si vous ne pouvez pas changer une situation, maintenir une résistance ne fera qu'accroître une souffrance émotionnelle inutile. Vous avez le pouvoir de mettre un terme à cette souffrance ou de ne jamais la connaître.

Au départ, vous devrez peut-être répéter ces deux étapes à plusieurs reprises afin de rompre avec vos schémas émotionnels.

3. Accepter la vie avant qu'elle se déroule : c'est l'évolution de l'acceptation. Elle vous paraîtra bien plus facile une fois que vous aurez appliqué la règle des cinq minutes et pratiqué un certain temps le mantra « Je ne peux rien y changer ». Maintenant que vous avez conscience d'être à l'origine de votre souffrance émotionnelle et que vous avez compris qu'elle n'est pas incontournable, vous pourrez l'éviter dans le futur en décidant délibérément, aujourd'hui même, de ne plus jamais résister à une situation que vous ne pouvez pas changer. Vous n'êtes pas obligé d'endurer cette souffrance pour, *in fine,* vous rendre compte qu'elle était inutile. N'attendez pas de trouver la paix après coup. Acceptez la vie avant qu'elle se déroule pour être toujours en paix et à tous égards.

Dans le chapitre suivant, nous allons explorer un nouveau paradigme concernant l'élaboration de vos objectifs et voir comment vous en servir pour éliminer définitivement votre peur de l'échec. Auparavant, j'aimerais que vous réfléchissiez quelques minutes à cette notion d'invincibilité émotionnelle. Quelle est la cause de votre souffrance émotionnelle ? En quoi le fait d'accepter tout ce qui s'est produit ou ce qui va se produire peut changer votre vie ? Selon vous, quelle dose d'énergie supplémentaire vous apporterait l'absence de stress, de colère, de tristesse et de n'importe quelle autre émotion négative ?

Passons à la pratique et testons cette idée dans votre vie. Posez-vous la question suivante : quel est *votre* fauteuil roulant ? À quelle circonstance de votre vie ou de votre passé, qui ne peut pas être changée, résistez-vous encore, créant ainsi une souffrance émotionnelle inutile ?

Respirez à fond et faites le choix délibéré d'accepter de manière inconditionnelle toutes les situations, de vivre en paix avec elles et de vous offrir une invincibilité émotionnelle.

Chapitre 5

UN NOUVEAU MODÈLE DE POSSIBILITÉS

Votre but n'est pas LE but

La principale raison pour laquelle
vous vous fixez un objectif est l'action entreprise
pour l'atteindre.
Elle sera toujours bien plus précieuse
que le résultat final.

JIM ROHN

Nous avons tous des rêves, des visions grandioses de ce à quoi pourrait ressembler notre vie. Ces visions sont source de bien-être lorsque nous y pensons. Nous imaginons ce qui est du domaine du possible. Il nous arrive même d'oser nous fixer un objectif ou de planifier une action susceptible de nous aider à concrétiser ces visions. Et pourtant, peu de gens se fixent des objectifs sérieux et ils sont encore moins nombreux à les atteindre. Il n'y a qu'à voir toutes les bonnes résolutions de début d'année qui tournent court avant même la fin du mois de janvier.

La triste vérité, c'est que peu de gens ont une existence conforme à leurs attentes. Ce million d'euros auquel nous rêvons ne se matérialise jamais. Le partenaire idéal ne franchit jamais notre porte. Le poste que nous espérons ne nous est jamais attribué. Nos souhaits sont en permanence hors de portée. Et plus le temps passe, plus nous prenons de l'âge, plus nous sommes déçus.

Il doit bien y avoir un meilleur moyen.

Et si vous fonctionniez sur un paradigme qui rende l'échec impossible ? Et si vous apprivoisiez l'idée que tout objectif ne peut que se concrétiser ?

Ce paradigme modifierait-il la façon dont vous abordez vos objectifs ? Mettriez-vous la barre plus haut ? Prendriez-vous plus de risques ? Vous sentiriez-vous plus motivé ?

De mon point de vue, la relation que nous entretenons aujourd'hui avec les objectifs semble un peu décalée. Notre manière de les aborder conduit à l'une des deux possibilités suivantes : soit nous réussissons et nous nous sentons bien, soit nous n'atteignons pas le but et nous échouons, ce qui nous fait généralement nous sentir mal. Après avoir fixé l'objectif et cerné les étapes à franchir, la probabilité de réussir (ou d'échouer) demeure seulement de 50 %. Cela ne me paraît pas très motivant.

C'est même plutôt démotivant. On a l'impression que ce modèle pousse à viser petit afin d'être sûr d'atteindre ses objectifs ou même de renoncer à toute tentative afin de se protéger de l'échec. Consacrer du temps et des efforts sans aucune garantie donne l'impression d'une sacrée perte de temps, n'est-ce pas ? Lorsque l'atteinte des objectifs paraît improbable, s'apparente à des travaux d'Hercule ou demande trop de temps, il est plus facile de revenir se prélasser dans son canapé, télécommande à la main.

Ce paradigme de l'échec et de la réussite freine énormément de gens. Avant de bien le cerner, j'adhérais moi aussi, avec culpabilité, à cette perception limitante des objectifs. Je n'en avais pas conscience, mais je visais moi aussi petit afin d'éviter l'échec, jusqu'à ce que je comprenne que j'étais tout aussi méritant et capable d'obtenir ce que je souhaitais que n'importe quelle autre personne sur cette planète. Vous aussi. Mais pour marquer ce monde de notre empreinte, nous devons réfléchir. Grâce à l'un de mes mentors, j'ai trouvé ce que je cherchais : une nouvelle approche des objectifs qui puisse supprimer l'éventualité de l'échec.

La suite de ce chapitre vous propose cette nouvelle approche des objectifs, qui rendra votre succès inévitable. Nous allons d'abord redéfinir le sens d'un objectif afin de vous aider à voir plus grand, avec plus d'ambition, ce qui est du domaine du possible en éliminant la peur de l'échec, handicapante, que nous devons tous surmonter.

Le sens d'un objectif

Tout le monde souhaite atteindre ses objectifs et réaliser ses rêves. C'est probablement la raison pour laquelle vous lisez ce livre. Nous savons également que notre nature nous pousse à chercher la voie du succès la plus facile. Le but le plus accessible n'est pas obligatoirement le plus passionnant, mais c'est notre cible. Avant même de fournir de gros efforts pour atteindre un objectif, nous souhaitons avoir la garantie du succès. Si vous faites partie du club des optimistes, vous êtes sans doute adepte du credo « tout est possible ». Cependant, nous poursuivons rarement ce qui est possible et nous concentrons plutôt notre énergie sur la matérialisation de ce que nous estimons *probable.*

Réfléchissez : à quand remonte la dernière fois que vous avez poursuivi un objectif que vous ne pensiez pas vraiment pouvoir atteindre ? Vous estimiez probablement qu'il constituait une perte de temps, qu'il ne valait pas la peine de lui consacrer toute votre énergie ou qu'il était voué à l'échec et pouvait être source d'embarras. Après tout, qui poursuit des objectifs qu'il juge inatteignables ? Cela ne sert plutôt à rien, n'est-ce pas ? Eh bien, si vous avez le sentiment que fixer des objectifs ne vaut que pour les atteindre, continuez à viser ce qui vous semble le plus à portée de main. Mais un résultat tangible n'est pas toujours le but suprême ni même l'essentiel. De ce point de vue, réussir ou non à atteindre un but n'a en fin de compte aucune importance.

Suivez-moi.

Le vrai motif qui aide à fixer des objectifs est de devenir capable de les atteindre systématiquement. Autrement dit, la raison d'être d'un objectif repose sur la capacité à développer les qualités caractéristiques de celui qui réussit. C'est *la personne que vous devenez* au cours du processus qui vous servira pendant toute votre existence et saura déjouer les réussites éphémères. Il s'agit en fin de compte de vous servir de chacun de vos objectifs pour développer un état d'esprit et des comportements d'expert en miracles. Vous y parviendrez en appliquant inlassablement l'équation du miracle, qui rendra inévitable votre réussite à long terme. Chaque objectif est simplement l'occasion de progresser et de tester ce qui est possible. Et plus vous agirez ainsi, meilleur vous deviendrez dans ce domaine.

Je vais répéter une idée que nous avons déjà vue au chapitre 2 et que mon mentor Dan Casetta m'a enseignée à propos des objectifs. Encore une fois, c'est une leçon que Dan a reçue de l'un de ses mentors, Jim Rohn. Pour le paraphraser : *Le but d'un objectif n'est pas de l'atteindre. Le véritable but est de devenir le type de personne capable d'atteindre ses objectifs, que vous parveniez ou non à les accomplir tous. Vous en atteindrez certains et vous en manquerez d'autres. C'est la personne que vous devenez en donnant tout ce que vous avez jusqu'au dernier moment – quels que soient vos résultats – qui vous permet de développer l'état d'esprit et le comportement qui vous aideront à atteindre des objectifs de plus en plus élevés pendant le reste de vos jours.*

Votre objectif n'est pas le but en lui-même

Vous connaissez peut-être Lewis Howes. Je l'ai interviewé il y a quelques années pour mon podcast « Achieve Your Goals » et il apparaît dans le documentaire *The Miracle Morning*. Son histoire est fascinante. C'est l'une des personnes qui illustrent le mieux la véritable raison d'être d'un objectif.

Lorsqu'il était jeune, le principal objectif de Lewis, dans la vie, était de devenir sportif professionnel. Et il l'a atteint. Il a joué une année au football américain en Arena League[6] avant de se blesser. Il a dû mettre fin à sa carrière brutalement, un grand choc dans sa vie.

Lewis n'avait pas de plan B. Il était sur la paille et traversait une mauvaise passe. Il n'avait aucune idée de ce qu'il souhaitait faire dans la vie. Il n'avait jamais eu d'autres objectifs. Mais il savait qu'il devait trouver quelque chose. Il a donc commencé à contacter tout un tas d'influenceurs. Il les a interviewés et a appris des choses. Un mentor lui a dit de s'inscrire sur LinkedIn, site qui avait vu le jour peu de temps auparavant. Il a passé plusieurs heures par jour à naviguer sur LinkedIn, a bien développé son profil, de sorte que des membres ont commencé à le solliciter pour qu'il les aide à peaufiner le leur. Il a simplement suivi sa passion et affûté sa curiosité et le monde a pris conscience que sa contribution était précieuse. Cette passion et cette curiosité l'ont finalement conduit à créer un podcast.

Quelques années plus tard, Lewis est désormais l'un des podcasteurs les plus connus au monde. Il anime « The School of Greatness », podcast classé parmi les cent premiers qui comptent plus

6 Championnat de football américain en salle (N.D.T.).

de 40 millions de téléchargements. Il a signé un ouvrage à succès du *New York Times* et il a été intégré, par la Maison-Blanche et le président Barack Obama, à la liste des cent premiers entrepreneurs de moins de 30 ans. Ses apparitions dans les médias sont tout aussi impressionnantes. Il est passé à *The Ellen DeGeneres Show*[7] et à l'émission *Today.* Il a également été cité dans *Forbes, Inc.* et le *New York Times,* entre autres.

La mission de Lewis est aujourd'hui de parler de « l'excellence » dans le monde entier et d'inciter les gens à changer de vie, de les aider à révéler leur talent et à offrir une contribution unique au monde. L'état d'esprit et la déontologie qu'il avait développés pour devenir sportif professionnel lui ont servi à atteindre des objectifs bien plus ambitieux, au-delà de tout ce qu'il avait pu rêver. Lewis ne vit pas l'existence qu'il avait imaginée au départ. Son objectif étant jeune n'était pas vraiment celui-ci. Néanmoins, les leçons qu'il a tirées l'ont mis en position de devenir un expert en miracles. Son miracle aide aujourd'hui les autres à créer leurs propres miracles.

7 Talk show américain très populaire animé par Ellen DeGeneres.

Vous pouvez maintenant vous débarrasser de votre peur de l'échec

Une fois que vous avez compris la véritable raison d'être d'un objectif, vous vous rendez compte qu'il est inutile d'avoir peur de l'échec, car vous ne pouvez pas échouer. L'être que vous devenez est toujours plus important que ce que vous faites, même si, ironie de la chose, ce sont vos actes qui le déterminent. Tant que vous conservez une foi inébranlable et fournissez un effort extraordinaire pour chacun des objectifs fixés, quel que soit votre résultat, vous apprenez, vous évoluez et vous devenez plus compétent que par le passé. Vous récoltez ainsi des fruits utiles à vos futurs objectifs, y compris à ceux qu'il vous reste à imaginer.

J'aimerais également souligner que vous n'êtes pas pour autant tiré d'affaire lorsque vous rencontrez un obstacle. Je ne suis pas non plus en train de dire que vous pouvez baisser les bras si vous voyez que vous avez peu de chance d'atteindre votre objectif. Vous vous souvenez comment s'est terminée mon histoire de concours au chapitre 2 ? Il m'a fallu attendre le tout dernier moment pour atteindre mon objectif de vente. Et il en a été de même pour la plupart de mes collègues qui ont appliqué l'équation du miracle. Leurs miracles se sont matérialisés la dernière semaine… le dernier jour… et même lors de la toute dernière heure. Je ne suis pas certain de la raison qui se cache derrière ce phénomène, mais cela semble se produire régulièrement. J'ai constaté ou vécu à de nombreuses reprises le fait que l'univers semble nous tester en permanence afin de connaître notre degré d'implication. Bien que la plupart des gens abandonnent en route, seuls ceux qui s'engagent à conserver une foi inébranlable et à fournir un effort extraordinaire jusqu'au tout dernier moment voient leurs miracles s'accomplir. Ces tout derniers moments sont cruciaux et ce sont eux qui m'ont permis de passer un cap dans ma vie. Ne pas atteindre votre objectif lorsque vous avez tout donné jusqu'au tout dernier moment est très différent que de baisser les bras lorsque la situation ne s'engage pas comme prévu – car en réalité, personne n'atteint tous ses objectifs, pas même les experts en miracles.

Dans la chambre de mon fils se trouve un poster sur lequel figure une célèbre citation de Michael Jordan : « J'ai manqué plus de 9 000 shoots dans ma carrière. J'ai perdu près de 300 matchs. À 26 reprises, on m'a fait confiance pour que je prenne le shoot de la victoire. J'ai échoué encore et encore dans ma vie et voilà pourquoi j'ai réussi. »

L'échec est un élément fondateur du processus d'apprentissage. C'est grâce à lui que nous évoluons. Lorsque vous abordez les objectifs dans cet état d'esprit, même si vous ne faites pas mouche comme prévu, vous atteindrez toujours votre but suprême. Si vous avez conservé une foi inébranlable et fourni un effort extraordinaire sans atteindre votre objectif, vous aurez développé néanmoins les qualités et les caractéristiques d'un expert en miracles qui permettront d'atteindre les suivants – des caractéristiques telles que la foi, l'autodiscipline, la déontologie, la résilience, etc.

Seuls les progrès acquis dans la durée sont éternels

Normalement, j'utilise des exemples et des histoires vrais pour illustrer mon propos, mais dans ce cas précis, je pense que le scénario fictif qui suit sera mieux à même de décrire le fonctionnement de ce nouveau paradigme. Commençons par l'histoire de deux collègues, John et Mary. Ils avaient tous les deux un peu plus de 40 ans et appartenaient à la classe moyenne avec un poste dans des PME. Ils rêvaient tous les deux de devenir millionnaires.

Par un après-midi ensoleillé, John s'est arrêté dans la supérette du coin et a acheté un billet de loterie, ainsi que quelques encas. La chance était de son côté ce jour-là, car il a coché les cinq bons numéros et il est instantanément passé de l'employé de bureau en proie à une angoisse existentielle au millionnaire qui profite de la vie. Le lendemain matin, il a démissionné, puis a cherché une maison plus grande et s'est ensuite offert un luxueux voyage de six mois en Europe. La vie paraissait belle pour John.

Mary en avait assez de sa carrière qui n'avançait pas depuis plusieurs années (et, de son côté, elle n'avait pas décroché le gros lot). Elle a donc décidé de profiter de son expérience et de démarrer une activité de consultante indépendante. Elle a mis tout son cœur et toute son âme dans ce projet, sans oublier une grosse partie de son épargne retraite. Mais comme la plupart des entreprises, la sienne a périclité en un an. Mary a pris du recul et s'est demandé si elle devait refaire une tentative ou chercher un nouvel emploi de bureau qu'elle détestait, mais qui lui offrirait, *a minima*, un salaire régulier.

Cette année-là, John est revenu de son périple de six mois et a emménagé dans son manoir – tout seul. Il s'est offert plusieurs voitures neuves et il a passé son temps à regarder la télévision toute la journée et à fréquenter presque tous les soirs bars et restaurants. La plupart du temps, il s'ennuyait, mais continuait d'espérer qu'un nouvel achat ou une soirée divertissante lui permettrait de se sentir mieux.

Après avoir bien réfléchi, Mary a décidé de ne pas reprendre le type de travail qu'elle détestait. Elle a exploité sa foi inébranlable et a démarré une nouvelle activité. Tenant compte des enseignements tirés de son précédent échec, elle a fait sa place sur le marché et a commencé à gagner de l'argent. Il lui a fallu près de dix ans, mais elle a fini par doter son compte bancaire d'un million de dollars. Au fil du développement de son entreprise, sa richesse a progressé. Elle n'a jamais baissé les bras, quels que soient les résultats obtenus. Mary est devenue une experte en miracles.

Malheureusement, ces dix années n'ont pas été aussi heureuses pour John. Son caractère dépensier l'a conduit devant les tribunaux. Il s'était certes retrouvé avec un million de dollars sur son compte beaucoup plus rapidement et plus facilement que Mary, mais il n'avait pas la moindre idée de la façon de garder cet argent. Il n'a pas respecté ses gains ni développé les qualités et les caractéristiques susceptibles de faire fructifier son argent ou, tout du moins, de le conserver.

Bien qu'il s'agisse de personnages fictifs, ces situations (ici un peu exagérées) sont fréquentes. La plupart des gens sont impatients et souhaitent des résultats immédiats. Mais l'*immédiateté* n'est pas un idéal de développement personnel. Elle ne permet pas de développer les qualités qui mènent au succès. Voilà pourquoi tant de gens qui connaissent une réussite foudroyante – des gagnants de la loterie aux inconnus qui deviennent célèbres du jour au lendemain – perdent leur fortune aussi vite qu'ils l'ont gagnée.

Un processus expansif

Que ce soit collectivement ou individuellement, la capacité des êtres humains à développer ce qui est possible est toujours remarquable. À de nombreuses reprises, ce qui paraissait autrefois du domaine du rêve est devenu réalité, ce qui nous a permis de développer notre identité, de multiplier nos possibilités et d'élargir notre horizon.

Prenons un exemple : lorsque vous étiez un nouveau-né, vous ne pouviez pas marcher. Puis vous avez fait vos premiers pas et la marche vous est devenue normale. Puis vous vous êtes mis à courir et à effectuer des petits bonds, avant de maîtriser le saut. Les différentes étapes se sont enchaînées naturellement, pour la plupart d'entre nous, à mesure que nous grandissions. Cela s'apparente au développement de notre identité.

Nous avons vécu un processus similaire au cours de nos études. À l'école primaire, la perspective d'entrer dans le premier cycle du secondaire était une probabilité, puis l'idée d'entrer au lycée était un nouveau défi. Les lycéens vous semblaient grands et tellement cool !

Le jour de votre entrée au lycée est enfin arrivé, vous avez franchi la porte de l'établissement et vous êtes devenu l'un de ces lycéens. Mais en tant qu'élève de seconde, vous n'étiez pas aussi grand que ceux des classes de terminale, car ils étaient plus âgés.

Je me souviens toujours de la manière dont je percevais les élèves de terminale de mon établissement. Ils semblaient être beaucoup plus mûrs que moi et ils paraissaient avoir tout compris.

Aujourd'hui, je me dis que ces élèves de terminale « extrêmement mûrs et qui avaient tout compris » étaient encore adolescents et tout aussi immatures, peu sûrs d'eux et désorientés que je l'étais en seconde. Cela me confirme que nous avons tous le potentiel pour atteindre le niveau de ceux que nous admirons. L'avenir, quel qu'il soit, qui vous paraît tenir du rêve aujourd'hui est simplement une réalité future qu'il vous reste à créer.

L'un des exemples les plus révélateurs de notre capacité à développer en permanence notre paradigme du possible est notre faculté de gagner de l'argent. Lorsque nous étions enfants, nous étions toujours enthousiastes à l'idée de récupérer des pièces de monnaie pour notre tirelire, la perspective de gagner 10 francs allait au-delà du réel pour la plupart d'entre nous. Lorsque nous avons commencé à recevoir une rétribution pour des petites corvées ménagères ou la tonte de la pelouse, nous sommes passés de la collection de pièces à celle de billets. Soudain, les 10 francs sont devenus du domaine du possible et nous nous sommes fixé l'étape suivante : gagner 100 francs. Puis nous sommes passés à 1 000 et ensuite à 10 000, etc.

Je me souviens parfaitement avoir abandonné le boulot de mes rêves de disc-jockey à la radio lorsque j'avais 19 ans. À l'époque, je gagnais 10 malheureux dollars de l'heure pour diffuser de la musique et distribuer des billets de concert, puis quand j'ai commencé à vendre des couteaux chez Cutco, j'étais rémunéré à la commission. La première semaine, j'ai empoché plus de 3 000 dollars de commission, somme que j'aurais gagnée en plus de 300 heures lorsque j'étais à la radio. Comme vous pouvez l'imaginer, gagner en une semaine ce qui m'aurait demandé près de quatre mois auparavant a constitué un nouveau modèle de possibilités pour mon avenir financier.

J'ai eu la chance d'interroger des dizaines de millionnaires autodidactes lorsque j'étais dans la phase d'écriture de l'un de mes livres les plus récents, *Miracle Morning*

Millionnaires : What the Wealthy Do Before 8AM That Will Make You Rich. L'un de leurs thèmes récurrents portait sur le développement progressif et continu de leurs moyens financiers.

Pour la plupart des millionnaires, gagner 100 000 dollars en une année était un rêve de jeunesse. Lorsqu'ils ont fini par obtenir un revenu à six chiffres, c'est devenu leur norme et ils ont ensuite visé encore plus haut. Il s'est ensuivi une augmentation progressive – de leur confiance et en termes de revenus – passant de 100 000 dollars à 200 000 dollars, puis à 300 000 dollars et ainsi de suite. Chaque nouveau palier de revenus entraîne un nouveau paradigme de possibilités pour le palier suivant. Il est également intéressant de remarquer que les efforts fournis n'ont pas forcément augmenté au même rythme que leurs revenus. Ils ont même souvent diminué. Des compétences renforcées, une plus grande expérience et une meilleure efficacité ont permis un accroissement de leurs revenus. Leur richesse est le fruit de ce qu'ils sont devenus.

Élargir le spectre de vos pensées

Le nombre de pensées qui nous traversent l'esprit en une journée fait l'objet d'un débat. Plusieurs chiffres circulent sur la Toile, les plus fréquents se situent dans une fourchette allant de 50 000 à 60 000 idées. Quel que soit le chiffre réel, convenons que, chaque jour, nos pensées sont innombrables.

Le nombre exact est sans importance. L'essentiel est de savoir que la majorité de nos pensées sont les mêmes d'un jour à l'autre. Cela devient crucial quand vous prenez en compte le fait que ce sont nos pensées qui créent notre identité. Autrement dit, ce que vous pensez en permanence à propos de vous-même devient votre réalité. Vos capacités ou vos incapacités sont dictées par vos certitudes en la matière. Les possibilités qui s'offrent à vous sont aussi limitées ou illimitées que vous le pensez. Tout est une question de perception. Lorsque nous nous réveillons, notre esprit est inondé de schémas de pensée habituels, souvent guidé par la chronologie de notre journée. Nous pensons à ce que nous devons faire avant de franchir le seuil de notre porte le matin. Tout au long de la journée, nous pensons aux différentes tâches de notre programme. Puis nous pensons à ce que nous devons effectuer une fois rentrés à la maison et avant d'aller nous coucher. Nous ne nous accordons que très peu de minutes, même aucune, pour envisager notre avenir et clarifier les mesures à prendre pour le créer. Et c'est ainsi que notre vie demeure la même, car nous restons les mêmes.

Lorsque ce sont toujours les mêmes pensées qui nous envahissent, nous sommes prisonniers des mêmes possibilités ou de l'absence de possibilités. La réalité que vous vivez aujourd'hui a été créée et continue de l'être par les sujets qui ont occupé votre esprit jusqu'à présent. Pour améliorer votre existence, il faut d'abord diversifier vos pensées. Le meilleur moyen d'y parvenir est de *rédiger* (afin de ne pas compter uniquement sur votre mémoire) des énoncés stratégiquement conçus pour guider votre pensée vers les éléments les plus chers à votre cœur, vers ce qui est possible pour vous, la personne que vous voulez devenir, vers un moyen d'agir pour rendre le possible *inévitable.* Nous allons développer longuement cet aspect au chapitre 9.

Tous les experts en miracles commencent par prendre la décision de se percevoir comme étant meilleurs que jamais. Vous prenez alors conscience que ce que vous avez ou n'avez pas fait par le passé n'a plus d'importance. En revanche, vos pensées sont essentielles mais si vous en prenez le contrôle et assumez cette responsabilité, vous comprenez que votre capacité à vous améliorer est là, prête à œuvrer pour des résultats importants. Dans un processus cohérent, la probabilité de décrocher de plus beaux succès est alors à votre portée.

L'année qui a tout changé

Avant de quitter Cutco, je suis me suis fixé un objectif supplémentaire – réaliser un bond prodigieux –, à savoir *doubler* mon précédent record de ventes. Augmenter votre chiffre de 25 ou 50 % est impressionnant, mais viser une augmentation de 100 % de mon chiffre d'affaires annuel était carrément terrifiant. J'avais passé les sept années précédentes à viser le palier de 100 000 dollars de ventes en un an. J'y étais parvenu à deux reprises, ce qui m'a placé parmi les dix meilleurs commerciaux de l'entreprise cinquième et sixième chaque année et m'a permis de remporter des voyages à Cancún, à Mexico et à Banff, au Canada.

En 2004, alors que j'étais âgé de 25 ans, j'étais prêt à poursuivre mon rêve de devenir auteur et conférencier. Mais, alors que j'étais sur le point de quitter mon travail, j'ai pris conscience d'une chose qui m'a peinée : je n'avais jamais exprimé tout mon potentiel de commercial chez Cutco. Atteindre le chiffre d'affaires de 100 000 dollars ne m'avait pas demandé un investissement total et je n'avais donc jamais tout donné, du moins jamais pendant une année entière. Je souhaitais doubler mon record annuel et donc viser le chiffre de 200 000 dollars annuels – cap qui n'avait été atteint que par une poignée de commerciaux –, mon but principal étant de développer les qualités et les caractéristiques qui me permettraient d'obtenir tout ce que je souhaitais d'autre dans mon existence. Cet objectif est devenu ma *mission.*

J'avais certes d'autres objectifs cette année-là, mais je me suis focalisé sur des objectifs dont l'importance (en termes de qualité et de quantité) était sans précédent. Outre de multiplier par deux mon record annuel de ventes, je me suis également mis en tête d'écrire et de publier mon premier livre, de prononcer douze discours dans des lycées et des universités, de travailler cinq jours par semaine, de faire de l'escalade trois fois par semaine, de rencontrer la future femme de ma vie et de faire un don de 10 000 dollars à une association caritative. Il s'agissait là de mes principaux objectifs, mais cette liste n'était pas exhaustive. J'en avais dans tous les domaines de ma vie.

Déterminer l'objectif le plus important et le transformer en mission pour cette année-là a eu un impact énorme sur la façon dont je m'y suis pris pour l'atteindre, ainsi que sur tous mes autres objectifs (au chapitre suivant, nous définirons votre première mission). Le fait d'avoir clairement en tête l'objectif devenu ma priorité numéro 1 – vendre pour 200 000 dollars – m'a automatiquement indiqué à quoi j'allais devoir passer mon temps. En bref, il n'était pas question pour moi de consacrer la moindre minute à mes autres objectifs tant que je n'aurais pas suivi le processus qui rendait l'accomplissement de ma mission pratiquement inévitable.

Pour doubler mon chiffre d'affaires annuel, j'ai doublé le nombre d'appels passés chaque jour (mon « processus ») et je me suis complètement détaché émotionnellement des résultats de ces appels et des présentations commerciales qui s'ensuivaient. Je me suis contenté d'exécuter mon processus, qui me conduirait inévitablement au résultat escompté. J'ai également formé et dirigé une équipe de collègues ayant ce même objectif annuel de 200 000 dollars de ventes. Chaque semaine, nous nous appelions avec empressement pour partager les victoires et les revers et en tirer de précieuses leçons. Même si l'objectif de former une équipe n'était pas en haut de liste, il a été utile à l'accomplissement de ma mission principale. Lorsque je me suis aventuré en terrain inconnu et que j'ai commencé à douter de moi, cette équipe m'a apporté son soutien, donné de nouvelles idées et plein d'énergie.

Moins de douze mois après la fixation de cet objectif, j'ai reçu un mail m'informant du montant de la commission et constaté que j'avais vendu pour 205 000 dollars d'articles dans l'année. J'ai regardé ce chiffre presque avec incrédulité. Je me tenais debout au pied de mon lit et je suis tombé à la renverse, comme au ralenti. J'avais l'impression de tomber sur un nuage (avec une musique inspirante comme illustration sonore). Ma fréquence cardiaque s'est accélérée tandis que mon cerveau essayait de traiter l'information de ma réussite, que je considérais auparavant comme hautement improbable. Il m'a bien fallu quelques minutes pour que ma nouvelle réalité remplace l'ancienne. J'ai alors pris conscience que nous avons tous la capacité de surmonter nos peurs et d'atteindre n'importe quel objectif souhaité.

Je n'étais pas le seul à être comblé. Cinq autres membres de mon équipe ont également atteint l'objectif de 200 000 dollars, ce qui ne s'était jamais vu dans l'entreprise. Mais l'histoire ne s'arrête pas là. Ce qui est intéressant lorsque vous êtes extrêmement concentré sur un seul objectif, que vous abordez animé d'une foi inébranlable et en fournissant un effort extraordinaire, c'est que vous parvenez à remplir d'autres objectifs que vous estimiez avoir laissés de côté, parce qu'ils sont en accord avec votre nouvelle identité.

Au cours de cette année-là, j'ai également écrit et publié mon premier livre, *Taking Life Head On: How to Love the Life You Have While You Create the Life of Your Dreams,* lancé ma carrière de conférencier, diminué ma masse graisseuse à 5,7 % (je ne sais même pas si c'est une bonne chose), rencontré la femme de mes rêves (qui m'a donné deux enfants), travaillé cinq jours par semaine, fait de l'escalade trois fois par semaine, commencé le yoga et donné davantage d'argent à des associations caritatives que je ne l'avais fait jusqu'à présent. C'est vraiment l'année où ma vie a été bouleversée, car j'ai changé de paradigme et j'ai été capable de mener ces actions en faisant preuve d'un engagement sans faille. En bref, après avoir passé des années à accepter de ne pas évoluer à mon meilleur niveau, j'avais fini par exploiter mon potentiel et par devenir une meilleure version de moi-même. Ce fut l'une des plus belles années de mon existence, car j'ai progressé et suis devenu la personne que je savais être capable de devenir. Et je suis enthousiaste à l'idée que vous viviez également cette expérience.

Avant d'aborder le chapitre suivant, je vous invite à adapter ce nouveau modèle à votre propre existence. Avez-vous en tête des épisodes que vous avez abandonnés rapidement, ou même jamais commencés, parce que vous jugiez votre succès improbable ? Vous revient-il en mémoire une fois où vous avez dépassé ce doute et fini par vous surprendre ? Nous avons tous ce genre d'histoires à raconter. Il m'est arrivé à de multiples reprises de redoubler d'efforts et de finir par atteindre le but. Parfois, je n'ai pas forcément travaillé d'arrache-pied, mais j'y suis quand même arrivé. À d'autres moments, je n'ai pas ménagé ma peine, mais je n'ai pas réussi. Je me souviens également n'avoir pas donné le maximum et n'avoir pas atteint le but. L'essentiel à savoir est que votre effort ne se traduit pas systématiquement en succès sous la forme de résultats tangibles, mais vous permet toujours de tendre vers la personne que vous souhaitez être.

Maintenant que nous avons réfléchi au sens d'un objectif et élargi votre modèle de possibilités, nous allons approfondir le sujet et voir comment déterminer ce qui est le plus important pour vous. Vous allez découvrir, parmi tous vos objectifs, celui qui deviendra votre mission – c'est-à-dire celui qui aura un impact majeur dans la mise en valeur de vos qualités et de vos capacités d'expert en miracles.

Chapitre 6

VOTRE MISSION

Le moment est venu d'identifier
clairement votre priorité numéro 1

> Votre vie professionnelle comprend deux parties distinctes : ce qui importe le plus et tout le reste. Vous devrez pousser à l'extrême ce qui importe vraiment et accepter tout ce qui se produit dans les autres domaines. Le succès professionnel passe par là.
>
> GARY KELLER

Que pensez-vous de prendre en compte ce nouveau paradigme ? Maintenant que vous avez une nouvelle manière d'aborder un objectif, vous pouvez commencer à vous fixer des buts très ambitieux et véritablement importants pour vous. Vous n'avez plus rien à craindre, car vous ne *pouvez* pas échouer. Vous ne pouvez qu'apprendre, progresser et devenir meilleur. Plus vous vous écarterez de votre zone de confort, plus vous en apprendrez, plus vite vous évoluerez et afficherez les qualités d'un expert en miracles. Un monde sans limites s'offre à vous.

Il vous est peut-être même arrivé de rêver à ce que pourrait ressembler votre vie si vos revenus augmentaient et vous offraient une sécurité financière très stable, si vous faisiez plus de sport et affichiez une condition physique sans précédent et si vous commenciez enfin à cocher des éléments sur cette liste d'objectifs et de rêves que vous aviez apparemment oubliés. La vie ne serait-elle pas géniale ? Surtout si vos objectifs et vos rêves les plus fous se concrétisaient tous en même temps.

Attendez une minute ! Tous en même temps ? Vous pensiez pouvoir vous attaquer à tous vos objectifs prioritaires simultanément ? Parlons-en.

Fixez-vous des priorités

Au cours des vingt dernières années, en côtoyant des personnes de tous les horizons, j'ai pu déceler un obstacle commun à nous tous : la plupart d'entre nous traitent un trop grand nombre d'objectifs en même temps sans savoir clairement lequel mérite la plus grande priorité. Ces objectifs concernent la santé, la famille, les finances, le travail, les relations – et cette liste est interminable. Vous savez ce qui se produit lorsque nous ne définissons aucune priorité ? Nous demeurons occupés, faisons peut-être des progrès sans importance, mais nous finissons presque toujours par ne pas remplir nos objectifs et/ou par nous sentir submergés, sinon les deux à la fois.

Nous pouvons comparer cette démarche à une action multitâche. Il est facile de se trouver prisonnier d'énormément de choses à faire en même temps. Nous sommes culturellement conditionnés à occuper une journée de cette manière, divisant notre cerveau en plusieurs parties pour exécuter différentes tâches apparemment en même temps. Nous consultons rapidement une notification Facebook tout en travaillant. Nous regardons notre smartphone tout en conduisant. Nous lisons des SMS en jouant avec nos enfants. Il semble bien que nous ayons conquis l'univers du multitâche. Mais sommes-nous pour autant plus efficaces ?

La réponse est simple : non. Une étude menée à Stanford en 2009 a révélé que les personnes qui s'adonnent souvent au multitâche, par le biais de différentes formes de support, sont en réalité moins efficaces. Elles ont du mal à repérer les informations accessoires et à passer d'une tâche à l'autre. En outre, leur mémoire n'est pas aussi performante que celle des personnes qui maintiennent leur attention sur un seul travail[8]. Le multitâche ralentit vos progrès et poursuivre plusieurs objectifs auxquels vous attribuez une importance égale fait de même.

Admettons que vous portiez votre attention simultanément sur cinq objectifs. Au bout de deux ou trois mois, il se peut que vous ayez réalisé une progression de 5 à 7 % sur deux objectifs, tandis que d'autres seront un peu à la traîne, avec une progression de 2 à 3 % seulement, alors qu'un ou deux auront carrément été mis de côté. Au bout de six mois, vous n'aurez traité chaque objectif que de manière superficielle. À ce stade, il est probable que vous ayez perdu l'enthousiasme et la motivation affichés lorsque vous avez posé vos objectifs et que vous soyez tenté de vous concentrer sur cinq nouveaux objectifs, stimulants

8 Eyal Ophir, Clifford Nass et Anthony D. Wagner, « Cognitive Control in Media Multitaskers », *Proceedings of the National Academy of Sciences of the United States of America,* 106, n° 37 (2009): 15583–87, doi.org/10.1073/pnas.0903620106.

et passionnants. Si vous adoptez la même approche, vous ferez une nouvelle fois des progrès à hauteur de 5 à 7 % (voire moins) sur vos cinq nouveaux objectifs. Cette dispersion de l'attention sur un nombre trop important d'objectifs se mue en cycle perpétuel d'échecs et ne vous permet pas d'exploiter tout votre potentiel. Elle vous empêche également de développer la capacité à fixer des priorités, à vous concentrer et à le rester sur une longue période, autant d'éléments indispensables pour atteindre un but et créer des miracles tangibles et mesurables.

Plus nous fixons d'objectifs auxquels nous accordons la même priorité, moins il est probable que nous accomplissions ce qui est le plus important à nos yeux. Si nous nous n'avons pas une idée claire de notre priorité numéro 1, notre nature humaine nous incite à poursuivre la voie de la moindre résistance et à nous engager dans des activités aux conséquences les moins importantes. Nous envoyons un mail alors qu'un appel téléphonique serait plus efficace. Nous regardons Netflix au lieu de lire un livre de développement personnel. Nous laissons une activité intense démolir notre aptitude à agir sans limites.

Nous devons cesser de fonctionner ainsi. Le moment est venu de nous concentrer sur l'essentiel afin de ressentir ce qui importe vraiment. Dans ce chapitre et le reste de l'ouvrage, vous apprendrez à vous centrer sur un seul but – le plus important, celui qui a le plus d'impact sur votre qualité de vie. J'ai bien conscience que cela peut être déconcertant. « Mais Hal, vous dites-vous, plein de choses sont importantes pour moi. Il y a beaucoup d'objectifs que j'aimerais atteindre. Pourquoi vouloir en choisir un seul ? » Je vous entends d'ici. Je comprends à quel point cela va à l'encontre de notre culture du multitâche. Mais je tiens à ce que vous deveniez un expert en miracles. Vous constaterez que le moyen le plus efficace d'y parvenir est de vous concentrer dans la durée sur une seule chose.

Jeff Hoffman, le fondateur millionnaire de priceline.com (un site de réservation), a pris dernièrement la parole au cours d'un séminaire, « Quantum Leap Mastermind », que mon associé Jon Berghoof et moi-même coanimions. Des nombreux enseignements que j'ai consignés, il en est ressorti un tout particulier : « Vous ne pouvez pas remporter de médaille d'or dans plusieurs sports. » Laissons cette citation pénétrer votre esprit. La plupart des sportifs de niveau olympique passent toute leur vie à essayer de devenir les meilleurs du monde dans un seul domaine. Et souvenez-vous des principes développés dans le précédent chapitre : lorsque vous choisissez une mission dans laquelle vous vous investissez à fond, atteindre les autres objectifs devient plus probable, car vous vivez en osmose avec votre priorité numéro 1.

Dans ce chapitre, vous allez savoir si votre existence est en phase avec votre priorité numéro 1. Il y a des chances pour que ce ne soit pas le cas. Ne vous inquiétez pas, vous êtes loin d'être seul dans cette situation. Vous allez ensuite sauter le pas et vous engager à accomplir une seule mission (et je vous incite vivement à le faire en lisant ce chapitre, pendant que vous avez encore bien à l'esprit les notions qui y sont abordées) avant que je vous propose des filets de sécurité de façon à ce que vous puissiez remplir votre mission. Cela fera office de préparation à votre Défi de l'équation du miracle en trente jours au chapitre 10.

Bon, prenez une grande inspiration. Prêt pour le grand saut ?

Commencez par le plus important

Certains diront que le moyen le plus rapide d'identifier votre priorité numéro 1 est de faire face à votre propre mort ou à celle d'un proche. Lorsque l'on m'a diagnostiqué un cancer à l'âge de 37 ans, je pensais que mes priorités (eh oui, j'en avais plusieurs à l'époque) étaient en premier, la famille, en second, la santé, en troisième, les amis, en quatrième, la sécurité financière, en cinquième, la productivité et la réussite et en dernier, le plaisir. Mais lorsque l'on m'a dit que j'avais 70 à 80 % de risques de mourir dans les mois suivants, cela a mis en évidence ce dont vous prendrez vite conscience vous-même : je me faisais des illusions.

Si vous m'aviez demandé ce qui était le plus important dans mon univers, je vous aurais répondu sans hésitation : « ma famille ». Et c'est vraiment ce que je pensais. Ma femme et nos deux enfants étaient ce que j'aimais le plus au monde. Ils représentaient mon univers. J'étais vraiment sûr que toutes mes autres priorités s'alignaient sur eux, que tout ce que je faisais était dans leur intérêt.

Alors quel était le problème ? En quoi étais-je déconnecté ? Cette déconnexion fut facile à repérer en regardant rapidement mon agenda. La façon dont j'occupais mon temps disait toute autre chose : j'étais souvent en déplacement professionnel, je travaillais plus de soixante heures par semaine, je sacrifiais le temps passé en famille le week-end, car j'avais encore un *autre* gros projet sur le feu. Si ma famille était vraiment ma priorité numéro 1, elle a été assurément mise de côté – et souvent pour des priorités *a priori* moins importantes. Mes actes n'étaient tout simplement pas en phase avec ce que je disais (ou ce que je croyais) être l'essentiel à mes yeux.

Une profonde introspection a révélé que j'accordais avant tout de l'importance à la productivité et au succès. Presque tout le temps dont je disposais, ainsi que mon énergie, servait à mener un projet à son terme et à préparer le suivant. Au lieu de me concentrer sur les histoires à raconter à mes enfants à l'heure du coucher, j'étais préoccupé par des critères d'évaluation professionnelle. Au lieu d'écouter ma femme raconter sa journée, j'opinais simplement du chef en balayant mes mails et en répondant à ce que j'estimais urgent. Je n'étais concentré sur rien en particulier – et pas du tout sur ma famille. Mais j'avais de bonnes raisons. C'est du moins ce que je pensais. Assurer la sécurité financière de la famille était important à mes yeux. Je souhaitais que ces personnes, les plus importantes pour moi, soient bien nourries, bien habillées et vivent dans de bonnes conditions. Mais lorsque j'ai pris un peu de recul et examiné ce mode de pensée, j'ai constaté que ma tendance à être focalisé sur la sécurité financière n'émanait pas de l'amour pour ma famille, mais de la peur. Les changements subtils de priorité n'avaient aucun rapport avec eux.

Au cours des années qui ont suivi la crise économique de 2008, je suis passé de ce que j'estimais être un contrôle total sur mes finances à la perte de plus de la moitié de mes clients, lesquels souffraient eux-mêmes des effets de cette crise et ne pouvaient plus se permettre de faire appel à mes services. Je n'étais plus en mesure de payer mon emprunt immobilier à cause de la nette diminution de mes revenus, ma maison a été saisie et j'ai fini par ne plus être solvable. J'avais touché le fond et c'était terrifiant. Rien de ce que je tentais pour attirer la clientèle ne fonctionnait et je m'enfonçais de plus en plus dans l'endettement. Je ne savais vraiment pas comment sortir du trou financier dans lequel je me trouvais. Bien qu'ayant fini par inverser le cours des choses et aller de l'avant, j'ai pris conscience des années plus tard que cette peur de tout perdre était encore profondément ancrée en moi.

Chaque mail envoyé par un client avait donc une importance extrême. Chaque discours que je prononçais était vital. Je souhaitais subvenir aux besoins de ma famille, mais plus que ça, j'avais peur d'être de nouveau frappé par une crise financière, la dépression, le sentiment de ne plus du tout contrôler ma vie.

Pour lutter contre cette peur, la productivité était devenue ma priorité numéro 1 sans en avoir bien conscience. Cette année-là, en parlant avec les nombreuses personnes qui venaient me voir après mes interventions, j'ai constaté que c'était le cas de la plupart d'entre nous. Que vous lui donniez les noms de productivité, de succès, de réalisation ou de travail, ces dénominations sont toutes à mettre dans le même sac et bon nombre de gens y sont littéralement accros. Non seulement nous nous focalisons sur des tâches qui nous occupent une grande partie du temps et ne présentent pas une importance essentielle, mais nous le faisons au détriment de ce qui nous importe le plus.

Lorsque nous travaillons sans relâche de cette manière, cela nuit à la fois au corps et au cerveau. Ce faisant, nous nous usons la santé. Et au-delà, nous minons également notre famille, notre plaisir, notre spiritualité et même notre travail (et le tout simultanément), car nous filons tout droit vers le burn-out. Si vous parvenez à vous fixer une priorité numéro 1, tout le reste passe automatiquement après.

Nous agissons ainsi nons seulement pour des tâches liées à la productivité, mais aussi pour d'autres activités dont l'importance est moindre. Voyez le temps que vous passez à vous gaver de séries sur Netflix, à regarder les informations, à naviguer sur Internet, à consulter

Facebook, à jouer sur votre téléphone. Eh oui, toutes ces activités rognent le temps consacré à la mise en œuvre de votre priorité numéro 1. S'il vous est déjà arrivé de penser : *Je n'ai pas suffisamment de temps pour m'occuper chaque jour de ma priorité numéro 1,* ce n'est pas forcément une question de manque de temps, mais plutôt le fait que vous menez des activités secondaires que vous considérez comme prioritaires parce que vous leur consacrez énormément de temps. N'oubliez pas que votre emploi du temps ne ment jamais.

*

Ce n'est qu'après que l'on m'eut diagnostiqué un cancer que j'ai pris conscience que ma vie n'était pas en phase avec ma priorité numéro 1, mais qu'elle était animée quotidiennement par la peur. J'avais certes une bonne raison d'être dans cet état d'esprit au vu de ce que j'avais traversé, mais je pense que personne ne souhaite voir son existence régie par la peur. Ce n'était pas non plus mon souhait. J'ai donc décidé d'opérer des changements radicaux afin que ma priorité numéro 1, c'est-à-dire la famille, passe vraiment en premier. Cela a débuté lorsque je suis revenu à la maison après ma première séance de chimio de cinq jours. Je me suis assis devant mon fils, qui avait alors quatre ans, et lui ai dit : « Mon bonhomme, faisons tout ce que tu veux aujourd'hui ! On peut aller au lac, faire du kart, aller au bowling, *tout* ce que tu veux ! »

Il a répondu : « Vraiment ? Heu… alors on joue dans ma chambre ! »

J'ai cru qu'il ne m'avait pas bien compris. « Non, mon bonhomme, j'ai dit *tout* ce que tu veux ! Si tu pouvais faire n'importe quoi, qu'est-ce que tu voudrais faire ? »

Il a répondu : « Je voudrais jouer avec toi dans ma chambre. »

Ça m'a vraiment ouvert les yeux. J'ai pris conscience que la priorité numéro 1 de mon fils était simplement de jouer avec moi. Si la famille était vraiment le plus important au monde pour moi, ce qui était essentiel pour mon fils devait l'être également pour moi.

En un éclair, j'ai réalisé de façon simple mais profonde que mes enfants n'allaient pas retenir le nombre de mes échéances ni se soucier du nombre de livres vendus. Et à la fin de ma vie (le plus tard possible, je l'espère), il en sera de même pour moi. J'ai également compris que j'attendais la fin de ma journée de travail pour passer des moments de qualité avec mes enfants, je réservais ainsi aux personnes les plus importantes de ma vie un « reste de papa ». Ils ne côtoyaient pas la meilleure version de moi-même. Ils me récupéraient fatigué, las et mentalement épuisé. Et il en allait de même pour eux. Il me fallait changer ça, pour que ma famille passe en premier dans mon emploi du temps, au sens propre comme au figuré.

Ce matin-là, j'ai instauré un créneau récurrent de trente minutes pour jouer systématiquement avec mon fils dans sa chambre avant son départ à l'école. Cela me demandait seulement un peu de temps et c'était un moment très précieux à ses yeux. Résultat, nous sommes parvenus à renforcer chaque jour nos liens.

Adaptez votre emploi du temps à votre priorité numéro 1

Depuis ce moment avec mon fils et après avoir guéri de mon cancer, je suis extrêmement concentré sur ma famille et fais tout pour être le meilleur père et le meilleur mari possible. Cette résolution m'a conduit à opérer des changements radicaux dans mon emploi du temps afin d'être en phase avec ma priorité numéro 1, ce qui est vraiment important pour moi. Voici à quoi ressemble une journée type à la maison :

Je me lève chaque jour à 4 h 30 afin d'effectuer mon Miracle Morning et les SAVERS (voir page 263). Pour le « R » de Reading (lecture), je respecte désormais une règle : je ne m'autorise pas à ouvrir un livre professionnel avant d'avoir lu au moins dix pages d'un ouvrage sur l'éducation des enfants ou sur la vie de couple. Ce seul engagement me rappelle chaque jour que ma famille est ma priorité numéro 1.

À 6 heures, je me dirige vers les chambres de mes enfants pour les réveiller (tâche qui incombait auparavant à ma femme pendant que je poursuivais seul dans mon coin mon rituel matinal). J'essaie de les réveiller de façon à ce qu'ils démarrent leur journée dans un état d'esprit agréable, avec des émotions positives.

Je commence généralement par leur faire un câlin. Puis je prononce des phrases comme : « Bonjour mon fils (ou ma fille) préféré… tu es gentil, affectueux et intelligent… tu te remplis d'une énergie positive pendant ton réveil… Il est l'heure de te lever et de vivre la meilleure journée de ta vie. » Je dis simplement ce qui me traverse l'esprit. Souvent, je chante cette affirmation, parfois avec une voix amusante, simplement pour varier les plaisirs et rendre leur réveil agréable.

Une fois mes petits habillés et le brossage de dents effectué, nous exécutons une version pour enfants du Miracle Morning. Puis je joue toujours avec mon fils (son activité favorite), non pas avec des figurines, mais à des jeux de société. Après le Miracle Morning et cette brève séance de jeu, je prends le rôle d'assistant personnel de ma femme, je l'aide à préparer son déjeuner ainsi que celui des enfants pour l'école (chose que je ne faisais *jamais,* car j'étais retranché dans mon bureau, en train de travailler). Le fait d'aider ma femme et mes enfants à se préparer le matin est désormais une expérience familiale importante. Ce n'est pas une obligation, mais l'occasion de renforcer nos liens et d'avoir une influence positive sur mon fils et ma fille.

Je les emmène ensuite à l'école (tâche que je déléguais à ma femme). Ce temps précieux passé chaque matin avec eux – déterminer leurs intentions pour la journée, avoir des conversations importantes, écouter de la musique et danser (eh oui, nous dansons dans la voiture) – n'a pas de prix ! Je me suis également mis à cesser de travailler à partir 14 heures au lieu de 17 heures trois jours par semaine afin de pouvoir aller les chercher à l'école. Au début, dégager ces trois heures de mon emploi du temps a été difficile, mais je suis ravi de l'avoir fait.

Vers 17 heures, nous dînons en famille et c'est également le moment pour nous de jouer à Gratitude Alphabet, un jeu qui consiste à dire chacun son tour ce qui nous rend heureux, d'abord avec un mot commençant par la lettre *A*. Je participe également au rituel du coucher des enfants. Je leur lis une histoire ou je leur en raconte une qui vient de mon enfance (ce qui est au passage un excellent moyen de permettre aux enfants de vous connaître, *ainsi que* de leur donner de précieuses leçons apprises au cours de votre vie). Je veille ainsi à terminer ma journée par ma priorité numéro 1 : passer du temps avec mes enfants, la première chose que je fais le matin et la dernière avant qu'ils s'endorment.

Le samedi, c'est une journée de divertissement avec les enfants, une parfaite occasion pour passer du bon temps ensemble en faisant des choses qui les mettent en joie, et cela permet à ma femme d'avoir une journée pour elle. Et chaque semaine, ma femme et moi ne dérogeons pas à notre sacro-sainte soirée en amoureux. Nous faisons appel à une baby-sitter et passons ensemble un excellent moment.

Tous ces changements ne se sont pas faits du jour au lendemain, mais progressivement. Et cela n'a pas été facile. J'ai toujours peur de revivre une crise économique et de me retrouver de nouveau en danger financièrement, ce qui ne fait que renforcer mon addiction au travail et à la productivité. La bonne nouvelle, c'est d'avoir constaté que plus votre engagement à vivre conformément à votre priorité numéro 1 s'installe dans la durée (c'est le cas de n'importe quel changement), plus la démarche est naturelle. L'autre jour, quelqu'un m'a invité à un événement important pour mon activité professionnelle et j'ai répondu sans hésiter : « Non merci, cette journée-là, je la passe avec mes enfants. »

Je suis loin d'être parfait, car il m'arrive encore, certains jours, de m'absenter et de solliciter ma femme. Mais la plus grande avancée concernant ma relation avec ma priorité numéro 1 – la famille –, c'est que je ne le fais plus juste pour cocher une case imaginaire du programme de ma journée. Pendant qu'ils sont encore petits et disposés à passer du temps avec moi (ce qui prendra fin plus vite que je le souhaiterais selon ce que m'ont dit des parents expérimentés), je m'engage à être présent le plus possible. Dans la vie, ma priorité numéro 1 est d'être en connexion avec mes enfants et d'influer sur eux de manière positive. La seule manière d'y parvenir, c'est de partager d'excellents moments en leur compagnie. Plus je suis avec eux, plus nos liens se renforcent et plus je peux veiller de manière positive à leur évolution. Je ne laisse plus passer ces moments privilégiés.

Je pensais être le seul à ne pas vivre en harmonie avec ce qui compte le plus pour moi mais après avoir délivré mon nouveau message « Qu'est-ce qui importe le plus ? » (*What Matters Most?*) à des milliers de personnes au cours de conférences, je sais désormais que je faisais partie de la majorité. Si vous appartenez vous aussi à cette catégorie, l'essentiel est de l'admettre et de vous engager à changer. Soyez sincère avec vous-même. Si vous souhaitez faire du travail votre priorité, engagez-vous pleinement sans éprouver la moindre culpabilité. Avant de fonder une famille, je trouvais génial que ma vie professionnelle soit ma priorité. Certains jours, elle le demeure d'ailleurs, mais c'est désormais une exception à la règle. Si vous avez conscience que votre santé doit être votre tout premier centre d'attention, veillez à ce que vos actes et votre agenda soient conformes à ce choix.

Une chose à savoir : il est possible que votre priorité numéro 1 change et ce sera certainement le cas. Je suis certain que votre priorité actuelle n'est pas la même que lorsque vous aviez 15 ans. Elle changera de nouveau, peut-être à plusieurs reprises, au cours de votre vie. Ne vous mettez donc pas trop de pression aujourd'hui pour définir cette priorité. Et ne craignez pas que les autres objectifs pâtissent de ce choix. Vous constaterez un accroissement de votre productivité une fois que vous saurez ce qui est le plus important à vos yeux et que votre priorité numéro 1 sera bien claire dans votre esprit.

Qu'est-ce qui est le plus important pour vous ?

Pouvez-vous dire avec certitude ce qui est le plus important dans votre vie ? La famille ? les amis ? votre santé ? votre profession ? Si vous avez un doute, je vous invite à tenter d'y voir clair, car les personnes les plus brillantes et les plus épanouies de notre planète sont celles qui ont clairement identifié ce qui revêt le plus d'importance pour elles (leurs valeurs et leur priorité numéro 1). Et elles vivent chaque jour en harmonie avec ce qui compte vraiment pour elles.

Peu de gens ont vécu un événement qui a failli leur coûter la vie, qui les aide à voir avec clarté ce qui est important pour eux et comment vivre en phase avec cette valeur. Par conséquent, si vous êtes encore en train de tâtonner pour trouver le sens de votre vie, optons pour une autre approche.

Voyageons dans le futur et imaginons que vous viviez comme un expert en miracles. Le matin, vous vous réveillez et vous commencez chaque jour animé d'une foi inébranlable et prêt à fournir un effort extraordinaire. Vous obtenez régulièrement des résultats qui vous épanouissent et vous comblent. Désormais, les gens vous regardent en pensant : *Ouah, tout roule pour lui (ou pour elle). Quelle chance !* Vous n'avez jamais été aussi heureux et en paix, car vous vivez en osmose avec vos valeurs les plus précieuses et vos capacités premières. Et votre emploi du temps en est la preuve. Alors que les occasions sont multiples, vous êtes capable d'en refuser la plupart, car vous ne capitalisez que sur celles qui sont conformes à ce que vous avez décidé comme étant le plus important pour vous.

Face à cet expert en miracles qui n'est autre que vous et qui vous représente, demandez-vous encore une fois ce qu'il y a de plus important pour vous dans la vie. La famille, la santé, le travail, les finances, la spiritualité, le plaisir, l'entraide ou le développement personnel ? Comment le savez-vous ? Quelles activités de votre emploi du temps confortent vos valeurs essentielles et votre priorité numéro 1 ?

J'ai bien conscience de me répéter, mais identifier de ce qui a le plus de valeur à vos yeux est essentiel afin de clarifier votre mission. Les miracles – spécialement de type tangible et mesurable – sont plus à votre portée si vous vivez en phase avec ces valeurs et votre priorité numéro 1. Si ce n'est pas le cas, vous aurez le sentiment d'être constamment débordé par l'illusion d'avoir plusieurs priorités et ne saurez pas à quoi consacrer votre énergie à un instant T.

Maintenant, si votre priorité numéro 1 est parfaitement claire dans votre esprit, sortez la liste des projets que vous avez consignés par écrit. Si cette liste n'existe pas pour l'année à venir, pour la vie, etc., merci de poser ce livre et de prendre quelques minutes pour marquer les objectifs que vous aimeriez atteindre dans les mois à venir. Ne cherchez pas la perfection. Commencez simplement par la première chose qui vous traverse l'esprit (que vous aimeriez améliorer) dans chacun des domaines suivants :

- Santé et forme physique
- Famille
- Amis
- Travail
- Argent
- Plaisir
- Développement personnel
- Spiritualité
- Cotisations, associations caritatives

Lorsque vous passerez en revue vos objectifs afin de déterminer celui qui est suffisamment important pour devenir votre priorité numéro 1, répondez à cette question : ***lequel* de ces objectifs me permettra de développer les qualités et les caractéristiques nécessaires pour obtenir tout ce que je souhaite dans la vie ?**

Cet objectif doit vous propulser vers la vision d'expert en miracles que vous avez de vous-même, vision fondée sur les qualités et les caractéristiques qui deviendront les vôtres, telles que la discipline, la résilience, la cohérence et, surtout, la foi inébranlable et un effort extraordinaire. Cet objectif est-il en accord avec la toute première valeur que vous aspirez à respecter dans votre existence ? Si la réponse est non, voyez si c'est l'objectif ou la valeur qu'il faut changer. N'oubliez pas, vous voulez que toute votre concentration et toute votre énergie imprègnent votre nouvelle identité de façon à ce que votre objectif et votre valeur numéro 1 soient synchronisés. En outre, ne reculez pas face à des objectifs qui semblent impressionnants ou trop difficiles à atteindre. Il est normal qu'un objectif numéro 1 vous impressionne ou même vous effraie car il doit vous faire sortir de votre zone de confort. Il vous forcera à adopter une nouvelle manière d'être. Il faut donc que cet objectif soit élevé.

L'objectif de perdre un nombre conséquent de kilos vous demande-t-il de développer les qualités et l'identité d'un expert en miracles ? Que diriez-vous de créer une entreprise ? de changer de travail ? d'écrire un livre ? de courir un marathon ? de doubler votre salaire ? J'ai personnellement opté pour les deux derniers.

Une fois clair sur l'objectif qui doit vous conduire vers cette nouvelle identité, il deviendra votre *mission.* J'emploie intentionnellement le terme « mission » (je le fais aussi dans la vie), car il fait plus sérieux et laisse entendre qu'il s'agit d'un but supérieur. Se fixer un objectif est amusant. Vous finissez par visualiser toutes ces grandes choses qui vont devenir réalité. Et si cela n'est pas le cas, choisissez simplement de nouveaux objectifs et amusez-vous à les imaginer en train de se concrétiser. Ils finiront par ressembler à des rêves.

Une mission, en revanche, implique un autre niveau d'engagement. Cent objectifs n'auront jamais le poids d'une seule mission. Les militaires mènent des missions.

Les organisations humanitaires mènent des missions. Dans ce cas, le poids est très différent de celui d'un objectif, car la mission est généralement associée à une vision d'envergure. En fonction du langage employé, l'expérience vécue sera différente.

> **Objectifs :** les nombreuses actions que nous *souhaitons* accomplir.
> **Mission :** *un dessein* que nous nous *engageons* à accomplir quoi qu'il arrive.

N'oubliez pas, pour définir votre mission (si ce n'est pas déjà fait), penchez-vous sur tous vos objectifs et répondez à la question suivante : ***lequel* de ces objectifs me permettra de développer les qualités et les caractéristiques nécessaires pour obtenir tout ce que je souhaite dans la vie ?**

Ma mission est de : ______________________________

____

____

____

____

____

____

____

____

____

Maintenant que nous avons bâti une sorte de dynamique en clarifiant votre mission, ne paniquez pas. *Mais comment suis-je censé accomplir cet immense objectif ?* vous demandez-vous peut-être. Nous n'allons pas décrire ce processus tout de suite, mais je vous promets d'examiner son mode de conception au chapitre 8. Je vous le dis tout de suite, c'est bien plus facile que vous l'imaginez. Alors, laissons les choses se faire.

Créez les filets de sécurité de votre mission

Si vous êtes un funambule novice, la première chose à vérifier avant de poser le pied sur le câble est la présence d'un filet de sécurité. Il en va de même lorsque vous tentez quelque chose de nouveau, qui fait peur et qui est situé en dehors de votre zone de confort.

Pour créer un miracle, votre premier défi consiste à rendre votre foi inébranlable (thème que nous approfondirons dans le chapitre suivant). Plus vous parvenez à faire progresser votre mission vers le probable, plus vous serez susceptible de vous investir et de garder intacte votre motivation pour respecter votre engagement. Avant de commencer, voici quelques stratégies sur lesquelles vous pouvez travailler afin d'accroître vos chances de mener à bien votre mission.

Définissez des missions mensuelles (faites-en plus en trente jours que la plupart des gens n'en font en douze mois)

Chaque année qui démarre est une période passionnante pour les adeptes des objectifs. Ce moment nous donne l'occasion de réfléchir à la progression réalisée l'année précédente et de nous fixer de nouveaux objectifs pour les douze mois à venir. Cependant, des millions de personnes se fixent des objectifs annuels qu'elles ne concrétisent pas pour une raison ou une autre. Pourquoi ?

J'ai lu un excellent livre, *The 12-Week Year,* qui m'a ouvert les yeux sur le fait qu'un an, c'est long – peut-être même trop long. Fin janvier, vous n'êtes plus sur la bonne voie pour réaliser l'un de vos objectifs ? Ce n'est pas grave, vous dites-vous : il vous reste encore onze mois pour vous remettre sur les rails. Et si vous n'avez toujours pas le bon cap en avril ? Pas d'inquiétude, vous avez encore mai, juin, juillet, août, septembre, etc. pour rectifier le tir. Il vous reste beaucoup de temps, n'est-ce pas ?

La difficulté des objectifs à long terme, c'est qu'en s'accordant autant de temps, nous finissons par perdre son côté urgent qui est pourtant inestimable. Lorsque la procrastination s'associe à un optimisme permanent et irréaliste – lorsqu'on se dit : *J'ai largement le temps* –, remettre les choses à plus tard devient un luxe que chacun pense à tort pouvoir s'offrir. Ce cycle entraîne des occasions ratées, des objectifs non atteints et ne permet pas d'exploiter tout son potentiel.

Et si, au lieu de vous accorder douze mois pour atteindre votre but, vous ne vous en donniez qu'un seul ? Et si la nouvelle année démarrait au début de *chaque mois ?* Et si chaque mois était l'occasion de réfléchir à votre progression, de vous fixer de nouveaux objectifs et de prendre un nouveau départ ?

La mise en place d'une mission mensuelle – un seul objectif en rapport avec votre mission principale – vous permettra, chaque mois, de vous focaliser véritablement sur votre priorité numéro 1. Vous serez alors animé d'un sentiment d'urgence permanent et sain et garderez le bon cap pour mener à bien votre mission suprême : développer l'état d'esprit et le comportement d'un expert en miracles.

Organisez votre emploi du temps et votre environnement

Il nous arrive souvent, sans en avoir conscience, de placer sur notre route des obstacles à la réalisation de nos projets. Nous disons vouloir perdre 10 kilos, mais nos placards sont remplis de gâteaux et de sodas. Nous avons l'intention de méditer ou de faire de l'exercice physique le matin, mais nous consultons notre téléphone et restons les yeux rivés sur les mails, les réseaux sociaux et notre liste interminable de choses à faire. Nous affirmons avoir de grands rêves et de grands desseins, mais les créneaux nécessaires pour s'en occuper semblent être absents de notre emploi du temps.

Évaluez votre environnement et jetez un œil à votre agenda pour veiller à ce que rien n'interfère avec la prise en charge de votre priorité numéro 1. Idéalement, le « créneau mission » devrait être un rendez-vous récurrent sur votre agenda, le plus tôt possible dans la journée, de façon à vous atteler en premier à vos tâches les plus cruciales. Plus vous attendez, plus le risque de les remettre au lendemain grandit (levez la main si ça vous est déjà arrivé). Il est aussi plus facile d'exécuter vos tâches les plus importantes lorsque vous êtes encore plein d'énergie et avec les idées claires. Si, au lieu d'aller à la salle de sport le matin, vous souhaitez y aller le soir après le travail, laissez votre sac dans la voiture. Ou bien enfilez votre tenue de sport avant de quitter le bureau. Facilitez l'accomplissement de votre objectif.

Si vous voulez étoffer votre clientèle, dégagez-vous un créneau horaire et trouvez un endroit calme où vous pourrez passer des appels et fixer des rendez-vous. Si votre objectif est de maîtriser une langue étrangère, entourez-vous de livres, écoutez des stations de radio et côtoyez même des personnes qui parlent cette langue. Nous avons déjà abordé la façon de créer un espace émotionnel intérieur où les miracles peuvent prendre place. Vous devez également aménager votre espace physique.

Pensez également aux personnes dont vous vous entourez. Si vous côtoyez des gens qui ont toujours beaucoup d'excuses pour esquiver les contraintes et ne semblent jamais avancer dans la vie, ils ne vous motiveront guère. Soyez avec des personnes qui accomplissent déjà ce que vous souhaitez faire ou qui vivent au moins en phase avec leur priorité numéro 1 et réussissent, quel que soit le domaine du succès.

Maintenant que mon emploi du temps est conforme à ma mission « famille », il fonctionne essentiellement sur pilote automatique. Cela m'a permis de me reconcentrer sur ma mission consistant à éviter une récidive du cancer afin de pouvoir vivre longtemps et en bonne santé aux côtés de ma famille. J'ai aménagé mon environnement pour qu'il soit parfaitement adapté à cette mission. Chaque matin, je passe dix minutes à prononcer des paroles qui me gardent à distance du cancer, puis dix autres minutes à méditer sur ce même thème. Je lis ensuite dix pages d'un livre sur le cancer qui m'apprend comment me maintenir en rémission. Je bois une citronnade organique maison chaque matin et je me fais livrer chaque semaine de délicieux aliments biologiques à base de plantes. J'ai investi dans un sauna à l'ozone que j'utilise trois fois par semaine. Je prends chaque jour une trentaine de compléments alimentaires dont il est prouvé qu'ils aident les personnes souffrant du même type de cancer que le mien et je fais chaque semaine un lavement au café. (Je vous assure, se mettre un tube dans les fesses n'a rien d'extraordinaire.) J'ai fait en sorte que tout mon environnement soit conforme à la mission que je me suis assignée. Tout comme ma mission « famille », ma mission « sans cancer » est elle aussi désormais sur pilote automatique. Je peux donc reporter mon attention sur une troisième mission. Lorsque vous adapterez votre emploi du temps et façonnerez votre environnement en fonction de chaque mission, vous finirez aussi par connaître une phase en pilote automatique et serez capable de recentrer votre attention sur la mission suivante. Et lorsque vous aurez développé les qualités et les caractéristiques d'un expert en miracles, vous atteindrez chaque fois plus vite et plus facilement la phase de pilotage automatique.

Cherchez quelqu'un qui vous responsabilisera

Je sais à quel point il est facile d'être pris par le stress et de renoncer. Aller vers les autres et s'entourer de personnes qui ont la même sensibilité que vous est souvent d'un grand intérêt. Constituer une équipe et la diriger est source de responsabilisation, d'encouragements et permet de prendre du recul, ce sont des éléments d'une valeur inestimable pour vous aider à atteindre votre mission.

Chacun doit inciter l'autre à joindre l'acte à la parole. L'une des sources de réussite parmi les plus efficaces est l'*intégrité,* que je définis ainsi : *faites ce que vous avez dit que vous ferez, au moment indiqué, sans exception ni excuse.* Lorsque vous vous engagez à vivre en toute intégrité, c'est déjà un pas vers la concrétisation de votre objectif : si vous projetez de faire quelque chose et que vous tenez parole, c'est comme si c'était fait (autrement dit, c'est *inévitable*).

En réalité, faire preuve en permanence d'intégrité est plus facile à dire qu'à faire, car l'un de nos modes d'action par défaut est de chercher des excuses. Souvent inconsciemment, nous privilégions l'excuse au détriment de l'intégrité. Comment savoir si vous avez tendance à chercher des excuses pour esquiver une action ? Par exemple, lorsque vous n'êtes pas en situation de respecter un délai sur lequel vous vous êtes engagé, sur quoi portez-vous votre attention et votre créativité ? Au lieu de fournir un effort extraordinaire pour respecter le délai quoi qu'il arrive, votre défaut (dont vous n'avez peut-être même pas conscience) est alors parfois de chercher des excuses qui vous permettraient d'échapper à votre engagement, de façon à pouvoir reporter l'effort ou l'éliminer. Ce qui a commencé durant l'enfance avec l'excuse « mon chien a mangé mon devoir » devient plus tard une tentative plus sophistiquée de fuir ses responsabilités. Si c'est votre cas, ne vous sentez pas mal pour autant, la plupart des gens agissent ainsi. Voilà pourquoi il est si important de s'entourer de personnes tout aussi engagées que vous à exploiter leur potentiel et à atteindre des objectifs importants : elles créent un filet de sécurité, si l'on peut dire. Elles peuvent vous responsabiliser pour que vos actes correspondent à vos paroles ou vous reprendre lorsque vous prétextez une excuse.

C'est également une source de soutien et d'encouragement. Regardons les choses en face. Aucune route ne mène droit au but. Il y a toujours des hauts et des bas, de bons et de mauvais jours. Et lorsque les mauvais jours se succèdent, que vous avez envie de baisser les bras, disposer d'un réseau de soutien est vital pour votre succès. Cela revient à avoir tout un groupe de coachs personnels. Mais cela ne fonctionne pas que dans un sens. Apporter votre soutien à des collègues vous tire aussi vers le haut et encourager les autres dans leurs responsabilités a tendance à vous responsabiliser vous-même.

Votre équipe d'experts en miracles (vous pouvez lui donner un autre nom) peut aussi vous proposer d'autres approches et d'autres stratégies lorsque vous êtes dans une impasse, et vice versa. Vous y verrez clair plus rapidement et pourrez débloquer les situations assez vite. Ne pas être seul permet aussi d'évacuer la peur éprouvée face un objectif d'envergure. Être entouré d'un groupe de personnes de même sensibilité, chacune ayant un avis sur ce qui a marché et échoué, est inestimable.

Si vous ne connaissez personne dans la même situation que vous ou si vous n'aimez pas travailler en groupe, l'autre solution consiste à trouver un partenaire unique. Il peut avoir les mêmes fonctions que le groupe à partir du moment où vous vous voyez régulièrement pour échanger et où il se montre suffisamment ferme pour vous responsabiliser. Deux de mes coauteurs de *Miracle Morning*,

Cameron Herold[9] et Joe Polish[10], jouent l'un pour l'autre le rôle de partenaire de responsabilisation. Ils font un point quotidien et disposent d'une application de suivi d'objectifs (CommitTo3) qui les invite à clarifier chaque jour leurs trois principaux objectifs et à aller jusqu'au bout. L'essentiel est de disposer d'un soutien qui veille aussi à ce que vous agissiez en toute intégrité. Évitez, pour ce rôle, de choisir votre conjoint, un membre de votre famille ou un être cher, ils seraient sans doute trop gentils avec vous. Dégagez, dès aujourd'hui, un peu de temps dans votre agenda pour effectuer une recherche de partenaire, car ce seul facteur peut contribuer à votre réussite.

Recherchez un mentor de miracle

Il est bon de disposer d'au moins un mentor, car nous sommes tous limités à un seul point de vue, le nôtre. Votre mentor peut être quelqu'un de votre équipe d'experts en miracles ou la personne que vous avez choisie comme partenaire de responsabilisation. Un mentor est bien sûr capable de vous responsabiliser, mais il vous donne plus souvent un aperçu de tout l'éventail des possibilités existantes. Les mentors dispensent des conseils et vous orientent. Dans certains cas, votre mentor est capable de vous conseiller en se fondant sur ce qu'il a fait lui-même

9 *The Miracle Morning for Entrepreneurs: Elevate Yourself to Elevate Your Business.*
10 *The Miracle Morning for Addiction Recovery: Letting Go of Who You've Been for Who You Can Become.*

pour atteindre l'objectif vers lequel vous tendez. Dans d'autres cas, votre mentor peut simplement être quelqu'un qui vous connaît suffisamment bien pour repérer une voie que vous n'avez jamais envisagée ou pour laquelle votre confiance n'était pas assez élevée.

Jon Berghoff, que j'ai mentionné plus haut, appartient à la seconde catégorie de mentors. Son influence sur moi s'est avérée positive au cours des vingt dernières années et a sans doute eu l'impact le plus profond sur ma vie. Mais lorsque nous nous sommes rencontrés, c'était bien la dernière personne à laquelle j'aurais pensé pour mentor.

Premièrement, il était plus jeune que moi. Deuxièmement, chez Cutco, nous avons commencé par être de grands rivaux. Il a été recruté un an et demi après moi et s'est rapidement mis à battre presque tous les records de vente que j'avais établis au sein de l'entreprise. Je me souviens encore de notre première rencontre, source d'un certain malaise, au cours d'une conférence commerciale, quelques minutes après qu'il eut battu mon précieux record. L'année suivante, nous avons fait plus ample connaissance et fini par devenir d'excellents amis. Il est l'une des personnes les plus brillantes qu'il m'ait été donné de rencontrer, ce qui explique aussi sa capacité à se montrer plus performant que tous les commerciaux de notre entreprise (y compris ceux qui avaient des décennies d'expérience) bien qu'étant plus jeune et moins expérimenté.

En 2001, alors que je travaillais encore chez Cutco, j'ai été recruté par une autre société afin de vendre son produit à temps partiel. J'estimais que ce serait un bon moyen de diversifier mes revenus et j'ai appelé Jon afin de voir s'il souhaitait entrer avec moi dans cette entreprise. Sa réponse, inattendue, a complètement changé la trajectoire de mon existence.

« Hal, qu'est-ce que tu fais ? » Il avait un ton sérieux. « Écoute, mec. Tu es mort, on t'a dit que tu ne remarcherais jamais, pourtant tu es debout. Je sais que tu penses que ce n'est pas grand-chose parce que tu as réussi à le faire et que c'était naturel pour toi, mais ce n'est pas la norme. » Il m'a dit que je devrais raconter mon histoire et dire aux gens comment j'ai réagi face à l'adversité et surmonté les obstacles afin qu'ils puissent en faire autant. « Si j'étais toi, je consacrerais la moindre minute de mon temps libre à raconter mon histoire dans un livre et non à vendre le produit d'une autre entreprise. » J'ai réfléchi, il avait raison. Cette conversation est devenue le catalyseur du métier d'auteur et de conférencier qui est devenu le mien aujourd'hui.

Lorsque j'ai rencontré Jon, j'étais à mille lieues de penser qu'il deviendrait mon mentor. Voilà pourquoi je dis toujours aux gens de garder une oreille attentive aux bons conseils. Ces derniers peuvent surgir d'un endroit improbable et c'est très bien ainsi. Plus nous cherchons à apprendre auprès de différents types de personnes et à accueillir favorablement leur avis, plus nous avons de chances de trouver de nouveaux mentors et de bénéficier de nouveaux points de vue qui nous rapprocheront d'une existence valant la note 10.

Parlez de votre mission autour de vous

Pour ancrer votre engagement dans une mission et vous sentir responsable de son accomplissement, rendez l'information publique. Dites aux personnes les plus proches de vous ce à quoi vous aspirez et pourquoi vous êtes entièrement investi dans votre mission, quoi qu'il advienne… sans aucune autre option. Je sais qu'une autre école de pensée déconseille de communiquer sur un objectif, sauf lorsqu'il est accompli. Je ne partage pas cet avis. Pour moi, le rendre public peut faire toute la différence. Si vous ne le faites pas, il vous sera beaucoup plus facile de vous esquiver. Nous agissons souvent ainsi.

J'ai constaté l'impact produit par la communication, car je l'ai expérimenté à plusieurs reprises. Vous savez que j'ai constitué une équipe de commerciaux désireux d'atteindre les 200 000 dollars de ventes. Ma mission est devenue de notoriété publique pour mes collègues et chacun de nous a disposé d'un soutien. J'ai pris un engagement public encore plus important lorsque j'ai décidé de courir un ultra-marathon (83 kilomètres d'affilée) pour une association caritative. Voici le contexte de cet engagement : je salue tous les coureurs, mais *je ne suis pas* l'un d'eux. Bien que je n'en sois pas particulièrement fier, j'appartiens au club des « personnes qui détestent courir ». Cela a toujours été le cas.

Pourtant, vers le mois de juin 2008, je me suis engagé à remplir la mission de courir un ultra-marathon *parce que* je déteste courir. Cela paraît totalement idiot, je sais. Au cours de l'un de mes Miracle Morning, je me suis dit : *Je me demande quel individu je devrais devenir pour courir 83 kilomètres en un jour. Je ne connais pas ce type. Je ne l'ai jamais rencontré. Je me demande à quoi il ressemble.* J'imaginais qu'il était sacrément plus discipliné que moi. Flûte, il pourrait probablement accomplir tout ce qu'il déciderait d'entreprendre et je souhaitais vraiment devenir cette personne.

J'ai donc accompli deux choses pour obtenir le soutien des autres et faire en sorte qu'ils me responsabilisent. Je suis d'abord allé sur Facebook et je me suis engagé publiquement à courir un ultra-marathon de manière à lever des fonds pour mon association caritative préférée, la Front Row Foundation (elle soutient des personnes et des familles qui luttent contre des problèmes de santé graves). Le fait de rendre cet engagement public m'a stimulé. J'ai pensé que, dans les moments où j'aurais envie d'abandonner (périodes que nous vivons tous sur le chemin des miracles), je ne souhaiterais pas être le barjo qui s'est engagé à récolter de l'argent pour une association caritative mais qui a ensuite changé d'avis. Je suis allé sur Internet et j'ai commandé un livre, *The Non-Runner's Marathon Trainer*[11].

---

11 David A. Whitsett, 1998. L'ouvrage propose aux non-coureurs un plan d'entraînement physique et psychologique pour courir un marathon.

Heureusement, j'avais trois amis qui souhaitaient faire cet ultra-marathon avec moi : James Hill, Alisha Anderer et Favian Valencia. Nous nous sommes surnommés les « ultra-amis ». Nous sommes tous allés au bout de cette course et, bien que je ne puisse pas parler au nom de mes ultra-amis, *je déteste toujours courir.* Mais vous savez ce que m'a offert cette aventure ? J'ai non seulement *rencontré* ce type capable de courir un ultra-marathon, mais suis également devenu *lui.* Depuis, mon existence est meilleure. Lorsque vous prenez un engagement public envers des gens que vous respectez et dont le respect est important à vos yeux, abandonner n'est pas une option envisageable.

Une mission à objectifs multiples

Mon ami et ancien collègue de Cutco, John Israel (je sais, s'il n'y avait pas Cutco, je n'aurais aucun ami), offre un autre exemple de mission réussie. John, connu aussi sous le nom de « Monsieur Merci », a pour mission d'accroître de 1 % le degré de gratitude sur cette planète, grâce aux cartes de remerciements. La première année qu'il s'est engagé à mener cette mission, il a entrepris d'écrire à la main cinq mots de remerciement par jour, sept jours sur sept. Et chaque mot devait être destiné à une personne en particulier. Sur une année, une personne ne pouvait recevoir au maximum que trois cartes de sa part. Mission intéressante, n'est-ce pas ?

La façon dont il abordait le reste de ses objectifs de vie était tout aussi intéressante, car ils étaient tous alimentés par le but de mission : la *gratitude.* C'est ainsi qu'il a accompli beaucoup de choses cette année-là. Il a eu un bébé, a déménagé à l'autre bout du pays et a créé une communauté de papas « experts en miracles ». Grâce à cette démarche axée sur sa mission, ses relations et la communauté se sont développées rapidement, et il a fini par réaliser la meilleure année de sa carrière chez Cutco, cumulant le chiffre impressionnant de 445 000 dollars de ventes tout en menant à bien sa mission de remerciements, en parvenant à envoyer 1 825 cartes. Exprimer plus volontiers sa gratitude envers le monde l'a rendu très heureux. Tous ses objectifs étaient alignés sur cette mission, ce qui l'a aidé à accomplir presque tout ce qu'il a entrepris cette année-là.

Une mission, mais plusieurs objectifs : ne les oubliez pas !

Je sais que nous avons travaillé sur un objectif unique qui devenait votre priorité numéro 1, donc votre mission. Mais cela ne signifie pas qu'il faut laisser de côté le reste de votre vie. Votre mission doit seulement passer en premier. Ensuite, vous pouvez vous lancer dans autre chose.

Si vous vous souvenez, lorsque j'ai doublé mon record de ventes annuelles, ce fut aussi l'une de mes meilleures années en termes d'objectifs, puisque je les ai presque tous remplis. Se fixer une seule mission oblige à y consacrer du temps en priorité et à se focaliser sur l'objectif le plus cher à vos yeux, démarche plus efficace que d'avoir à choisir chaque matin au réveil à quelle tâche vous donnez la priorité. Et vous verrez qu'il est bien plus facile d'atteindre plusieurs objectifs lorsqu'on est essentiellement concentré sur un en particulier.

Maintenant que nous avons traité le véritable but d'un objectif et la manière de choisir votre mission, quels principes devez-vous établir pour devenir un expert en miracles et faire passer vos plus grands objectifs du stade du possible … à celui du probable… puis à celui de l'inévitable ? Vous trouverez les réponses dans les deux chapitres suivants. S'il vous paraît toujours impensable ou effrayant de vous engager pour un objectif, lisez les pages qui suivent plutôt deux fois qu'une.

Chapitre 7

VOTRE PREMIER PRINCIPE : UNE FOI INÉBRANLABLE

Vous devez y croire, jusqu'à ce que…

C'est l'absence de foi qui fait
que les gens ont peur de rencontrer des difficultés.
Moi, je croyais en moi.

MOHAMED ALI

Saviez-vous que…

Vingt-sept éditeurs ont refusé le premier livre du Dr Seuss. Puis ce dernier a ensuite publié soixante succès qui se sont vendus à plus de 600 millions d'exemplaires dans le monde.

Babe Ruth a réalisé plus de 1 330 retraits sur des prises *et* a détenu le record de coups de circuit. Il est considéré comme l'un des plus grands joueurs de base-ball de tous les temps.

Vincent Van Gogh n'a vendu qu'une toile, à un ami, mais a continué de peindre. Lorsqu'il est mort, il avait peint plus de 800 tableaux, qui valent aujourd'hui plusieurs millions de dollars chacun.

Tyler Perry, l'auteur, acteur, producteur et réalisateur aux multiples talents, a perdu tout son argent (et il n'en avait pas beaucoup au départ) à sa première pièce qui fut un fiasco. Cela ne l'a pas dissuadé pour autant et il a persévéré, retravaillant et jouant sa pièce tout en dormant parfois dans sa voiture. Il lui a fallu six ans, mais enfin – *enfin* –, cette pièce est devenue un succès et sa carrière a connu une ascension fulgurante. Il pèse désormais plusieurs centaines de millions de dollars.

Walt Disney a été viré d'un journal parce qu'« il n'avait pas de bonnes idées », puis il a créé l'une des entreprises les plus créatives de l'histoire.

Elvis Presley s'est entendu dire après une audition au *Grand Ole Opry*[12] qu'il devrait plutôt reprendre son métier de chauffeur de camion. Il a ignoré ce conseil, puis il est devenu une icône de la musique.

Michael Jordan a été écarté de son équipe de basket de lycée avant de rejoindre les Chicago Bulls et de devenir une icône du basket.

Je connaissais déjà certaines de ces histoires et j'en ai découvert d'autres en effectuant des travaux de recherche pour l'écriture de ce livre. Je les ai toutes trouvées extrêmement intéressantes. Le Dr Seuss a continué d'écrire et Babe Ruth à frapper la balle. Van Gogh a persévéré dans la peinture. Tyler Perry a poursuivi la mise en scène.

12 Émission de radio américaine qui existe depuis 1925 et qui est diffusée tous les samedis soir et retransmises à la télévision sur « Great American Country network ».

Walt Disney n'a pas cessé de faire marcher son imagination. Elvis Presley a continué à chanter et Michael Jordan à mettre des paniers. Mais pourquoi ? Pourquoi ont-ils persévéré ? Pour la plupart d'entre eux, le succès est arrivé de nombreuses années après leur tentative initiale. Certains se sont même ruinés en cours de route. Chacun d'eux a dû, à un moment donné, faire face au doute qui nous assaille tous. Pourquoi – ou plutôt comment – se sont-ils obstinés alors que les échecs se multipliaient ?

La seule réponse que j'ai trouvée, mais elle est valable pour tous, c'est qu'ils ont gardé une confiance indéfectible en eux-mêmes.

Comme vous le savez, l'équation du miracle repose sur deux principes qui doivent être définis et maintenus dans la durée : faire preuve d'une foi inébranlable et fournir un effort extraordinaire. Si vous choisissez d'avancer, ces deux principes augmenteront radicalement vos chances de succès. Ils ne garantissent pas votre réussite et ne génèrent pas une énergie magique, c'est bien plus concret que cela.

Comme l'illustre ci-dessus chacun des experts en miracles, c'est en créant et en conservant cette foi inattaquable que vous pouvez avancer et tendre vers votre but. Plus vous agissez, plus les chances de connaître le succès sont grandes – et plus vous devenez, du même coup, compétent et efficace. Lorsque vous avancez, ce qui était *possible* pour vous se met à devenir *probable,* et finit avec le temps par devenir *inévitable.* Et c'est là qu'une vie de miracles s'offre à vous.

Ce que je retire de ces histoires, c'est que le succès ne tombe presque jamais tout cuit dans le bec et qu'il n'existe pas de raccourcis menant vers lui. Le seul moyen de persévérer est de garder la foi. Toutes ces célébrités (tout comme bien d'autres) n'auraient jamais tutoyé les sommets, dans leur carrière, si elles avaient laissé les revers obscurcir leur vision et faire vaciller leur foi. C'est leur foi qui a stimulé leurs efforts bien avant qu'elles ne rencontrent le succès. Elles ont fait en sorte de conserver une foi limpide, audacieuse et inébranlable. Dans ce chapitre, nous allons voir comment cultiver cette confiance inébranlable et la voir à l'œuvre.

Comment avoir une foi inébranlable ?

La foi est insaisissable. Il est difficile de l'apprivoiser, car, par définition, elle n'est pas visible. Elle paraît donc intangible et sans doute peu fiable. La plupart du temps, lorsque les gens parlent de la foi, c'est qu'il s'est passé quelque chose de grave. Ils croient qu'un événement terrible arrive simplement « parce qu'il y a une raison » ou que « les choses vont tourner ». Je suppose que ce genre de foi peut faire se sentir mieux pendant un moment. Quelquefois. Mais je ne parle pas de cette foi-là. Je parle de la confiance en vos possibilités – de votre capacité à surmonter l'adversité et à produire des miracles tangibles et mesurables, ce qui, de prime abord, paraît encore intangible et pas si digne de confiance. Avoir la foi demande de prendre des distances avec une forme de scepticisme habituel. La foi inébranlable représente 50 % de l'équation du miracle, mais elle n'est ni naturelle ni innée. Ce n'est pas un sentiment. Au contraire, elle doit être déterminée par une décision, puis entretenue dans la durée. Tout miracle tangible et mesurable s'annonce lorsqu'une personne a la ferme conviction qu'elle peut réussir. Il faut entretenir cette conviction en même temps qu'on fournit des efforts extraordinaires, jusqu'à ce que le miracle devienne réalité, quel que soit le temps nécessaire pour y parvenir. Prendre la décision de conserver une foi inébranlable est bénéfique, car cela nous rend sourds à notre petite voix négative intérieure et cela permet d'accéder à un état d'esprit exceptionnel, rare chez la plupart des gens.

Comprenez bien que cette foi est le premier principe posé par tous les experts en miracles, qu'ils conservent tout au long de leur vie. Cette décision prise délibérément étant confortée en permanence, elle devient l'état d'esprit fondamental dans lequel les experts abordent toutes les difficultés et saisissent toutes les opportunités. Lorsqu'on décrit l'état d'esprit des gens performants, on désigne parfois cette foi inébranlable sous d'autres termes, tels qu'une assurance extraordinaire, une suprême confiance en soi ou une conviction à toute épreuve. Vous ne rencontrerez probablement jamais un expert en miracles qui n'incarne pas cet état d'esprit, quel que soit le nom que vous lui donnez.

L'année où j'ai failli mourir – encore une fois

Je ne suis pas certain des raisons pour lesquelles ma vie a été mise à l'épreuve à plusieurs reprises. Cependant, j'ai appris que nous avons toujours le pouvoir de choisir notre état d'esprit – être sincèrement heureux, reconnaissants et optimistes –, même lorsque le monde s'écroule autour de nous. En faisant ce choix, nous conservons une bonne santé mentale afin de pouvoir remettre en ordre le monde, notre monde.

La toute dernière fois où j'ai utilisé l'équation du miracle a été sans nul doute la plus difficile et la plus gratifiante. Cela m'a littéralement sauvé la vie. Un jour tout à fait normal d'octobre 2016, je me suis réveillé au beau milieu de la nuit en train de suffoquer. J'avais du mal à respirer et ma respiration était bruyante, ce qui a réveillé ma femme, Ursula.

« Ça ne va pas ? Que se passe-t-il ? » a-t-elle demandé.

« Je ne sais pas. » Je me suis de nouveau mis à respirer bruyamment. « J'ai du mal à respirer. » Elle m'a immédiatement mis plusieurs oreillers sous la tête, ce qui m'a soulagé, au point que j'ai essayé de me rendormir. Nous sommes convenus d'aller aux urgences d'une clinique située non loin de chez nous le lendemain matin dès la première heure et j'ai fini par somnoler en position assise. Le lendemain, je me suis rendu aux urgences dans l'espoir que le médecin puisse trouver ce qui n'allait pas. On m'a diagnostiqué une pneumonie et donné un antibiotique (azithromycine), le médecin espérait qu'il fasse son effet. Mais ce ne fut pas le cas.

Au cours des semaines suivantes, la situation a empiré, au point que j'allais aux urgences tous les deux jours pour un drainage du poumon gauche, lequel continuait de s'effondrer. Et à chaque fois, c'était extrêmement douloureux. Le soin consistait à enfoncer une grande aiguille à l'arrière de la cage thoracique afin d'évacuer l'excès de liquide. Il y en avait beaucoup. Au cours de toute cette période, on m'a ponctionné onze litres. Mais cela ne provoquait aucun soulagement durable. Une fois le drainage effectué, mon poumon se remplissait de nouveau. J'avais du mal à dormir, car je respirais mal. L'hôpital m'a fait passer de spécialiste en spécialiste afin de déterminer la cause de l'effondrement de mon poumon, mais personne n'avait la réponse, jusqu'à ce que je rencontre le Dr Berkeley.

Ce médecin m'a prescrit tout un éventail de tests et de scanners. Le lendemain, son infirmière spécialisée m'a appelé. Elle m'a dit, sur un ton qui révélait une certaine urgence, que le Dr Berkeley souhaitait me voir le plus vite possible pour examiner mes résultats. J'allais peut-être finalement avoir des réponses. J'ai donc sauté dans ma voiture et suis retourné le voir. Lorsque je me suis assis dans son bureau, en attendant qu'il arrive, je me sentais soulagé d'être sur le point de découvrir ce qui n'allait pas, ainsi que les raisons pour lesquelles je ne respirais plus normalement depuis près de deux semaines. Le Dr Berkeley est entré, s'est assis en face de moi et a parcouru les résultats de mes examens. Le point d'orgue fut son diagnostic préliminaire : « Hal, il se peut que ce soit une sorte de cancer. »

Un cancer ? Non. Ce n'est pas possible, me suis-je dit. Pas moi.

Des années plus tôt, j'avais regardé le documentaire *Healing Cancer from Inside Out.* J'avais ensuite lu des livres de médecine tels que *The China Study* and *Eating Well for Optimum Health: The Essential Guide to Food, Diet, and Nutrition.* Résultat, j'avais eu, au cours des six années qui ont précédé ce diagnostic, ce que j'estimais être un mode de vie « anticancer ». Alors que j'avais 37 ans, mon régime alimentaire était, depuis plus de dix ans, essentiellement biologique, à base de plantes avec de petites portions de viande d'excellente qualité provenant d'animaux élevés sans hormones et nourris à l'herbe. Je faisais du sport régulièrement. Je méditais tous les jours. J'étais vraiment heureux et faisais tout pour que le stress reste à un niveau minimal. Je ne buvais pas beaucoup d'alcool, seulement une bière de temps en temps. Avec Ursula, nous avions banni de notre foyer toutes les substances chimiques toxiques. Nous utilisions uniquement des shampoings, dentifrices, déodorants et produits d'entretien hyper-naturels et sans produits chimiques. Nous ressemblions à des hippies modernes.

J'ai donc pris un second avis dans un autre hôpital, puis un troisième au MD Anderson Cancer Center de Houston, au Texas. C'est là que les médecins ont rapidement découvert que non seulement mon poumon gauche s'était effondré, mais que mes deux reins et mon cœur étaient défaillants. Bien qu'étant là pour déterminer si j'avais ou non un cancer, je me suis rapidement retrouvé sur un brancard, avec les infirmières me conduisant à toute allure aux urgences afin d'effectuer un drainage supplémentaire, cette fois-ci dans la région du cœur. Ce liquide faisait 3 mm d'épaisseur et le médecin des urgences m'a informé que s'il s'épaississait de 3 mm supplémentaires, mon cœur s'arrêterait de battre, je ferais un arrêt cardiaque et devrais subir une intervention à cœur ouvert.

Je n'y croyais pas. J'étais incrédule, terrifié, et la situation continuait de s'aggraver.

Le médecin m'expliqua que pour drainer ce liquide, le chirurgien serait contraint d'insérer une grande aiguille dans ma poitrine afin de percer le sac de liquide qui se trouvait à seulement 3 mm de mon cœur et qu'il ferait au mieux pour que l'aiguille ne le touche pas. Pour cette intervention, je devais rester totalement éveillé, et avant qu'ils ne commencent, je fus obligé de signer une décharge indiquant que je renonçais à poursuivre l'hôpital au cas où mon cœur serait accidentellement atteint, ce qui provoquerait ainsi un arrêt cardiaque. J'ai embrassé Ursula, qui sanglotait, et étreint mon père avant que deux hommes en blouse vert olive me conduisent sur un chariot jusqu'au bloc, lequel était doté de vitres afin que ma famille puisse assister à l'intervention.

Quinze minutes plus tard, c'était terminé. Ils ne m'avaient pas poignardé en plein cœur et je n'avais pas subi d'opération à cœur ouvert. Mais l'épreuve pénible que j'allais endurer pendant un an ne faisait que commencer. Il restait encore à trouver la cause de la défaillance de mes organes. Je ne comprenais pas. Comment avais-je pu passer en quelques jours d'une santé resplendissante à un état proche de la mort ?

Le spécialiste du MD Anderson a rapidement diagnostiqué une forme de cancer extrêmement rare et agressive, connue sous le nom de « leucémie aiguë lymphoblastique » ou LAL. La LAL est tellement rare que les deux hôpitaux dans lesquels je m'étais rendu auparavant ne disposaient pas de l'équipement nécessaire pour confirmer ce diagnostic. La LAL est tellement agressive que la plupart des gens en meurent à cause d'un mauvais diagnostic. Elle agit si rapidement que lorsque la plupart des patients apprennent qu'ils en souffrent, il est trop tard pour les sauver. Même lorsque le diagnostic est correctement posé, les probabilités de survie sont minces. Le taux de rémission des adultes souffrant de LAL est de l'ordre de 20 à 30 %. Les lecteurs qui voient le verre à moitié vide diront que les risques de décès sont de 70 à 80 %. L'un de mes pires cauchemars était désormais ma réalité – laisser ma femme sans mari et mes enfants sans père. La situation n'était guère réjouissante.

D'autres examens effectués au MD Anderson ont montré que mon cancer était doté d'une mutation cellulaire rare, connue sous le nom de NUP1. Cette mutation, associée à la LAL, est si rare que les taux de survie ne sont même pas publiés. Ainsi, les 20 à 30 % de chances de survie constituaient la fourchette haute, mais un hématologue m'a dit que les chances de m'en sortir pouvaient n'être que de 10 %. Lorsque j'ai fait une recherche sur Internet avec « leucémie aiguë lymphoblastique avec mutation NUP1 », la première occurrence n'est apparue qu'à la page 4 des résultats. Je ne connaissais pas un seul médecin parvenu à guérir mon cancer.

J'adore ma femme. Mes deux jeunes enfants sont très chers à mon cœur. J'avais une communauté Miracle Morning mondiale à diriger. Je n'avais jamais eu autant de choses à perdre. Le cancer était de loin l'adversaire le plus terrifiant et potentiellement dévastateur qu'il m'ait été donné d'affronter. Sans une voie bien claire vers la guérison, qu'étais-je censé faire ?

Le premier choix délibéré que j'ai effectué a été d'exploiter mon invincibilité émotionnelle en acceptant totalement l'idée que je souffrais d'un cancer. Aucune résistance. Aucun souhait de ne pas avoir de cancer, car cela serait illusoire, inutile et ne ferait que perpétuer la souffrance émotionnelle. Au lieu de résister à ma situation et souhaiter qu'elle soit différente, j'ai choisi de l'accepter de manière inconditionnelle, ce qui m'a permis d'être à la fois en paix avec mon diagnostic et de créer un espace permettant de concentrer toutes mes pensées et mon énergie sur le résultat souhaité et non sur celui que je redoutais. Le cancer était mon nouveau fauteuil roulant, pour ainsi dire. Tout comme après mon accident de voiture, j'ai décidé que je serais la personne la plus heureuse possible et la plus reconnaissante pendant que je luttais contre le cancer et devais faire face à un avenir plein d'interrogations.

Remplacer la peur par la foi

Quand je pensais à mon diagnostic, il était clair que je ne pouvais passer mon temps à me focaliser sur la probabilité statistique que je n'en réchappe pas. Je savais que cela ne ferait que déclencher un stress, ce qui n'est guère utile lorsque vous essayez de guérir. J'ai décidé que la peur n'allait pas me dévorer. Je n'allais pas la laisser contribuer à ma disparition. Il me fallait quelque chose pour accroître les chances de survie et les faire passer du stade du possible à celui du probable, puis, surtout, à celui de l'inévitable.

Je me suis immédiatement souvenu de l'équation du miracle. D'innombrables expériences me permettaient de dire que c'était l'un des outils susceptibles de défier les pronostics et de créer des résultats extraordinaires. Elle m'avait permis de faire le premier pas lorsque le médecin m'avait dit que je ne remarcherais jamais. Elle avait porté ses fruits lorsque j'avais tenté de battre des records de ventes. Elle s'était révélée efficace et fiable pour chaque personne à qui je l'avais enseignée. C'est la formule qui avait satisfait, à travers l'histoire, certains des individus les plus brillants et prolifiques au monde. La première chose que j'ai faite a donc été d'intimer à ma foi inébranlable de débarrasser mon esprit de la peur.

Maintenant, je ne suis pas allé jusqu'à penser que je pouvais simplement me détendre et conserver ainsi ma foi de croire que je pouvais faire partie des 30 % de patients souffrant de LAL qui parviennent à vaincre la maladie. En tentant de transformer ces 30 % en 100 %, j'ai admis ma peur et fait le choix délibéré de conserver une foi inébranlable en ma faculté de vivre vieux et en bonne santé quoi qu'il advienne… il n'existait aucune autre option. Je me suis également engagé envers moi-même à fournir un effort extraordinaire et à faire le nécessaire pour rester en vie. Je me suis concentré, en faisant preuve d'une foi inébranlable, sur les possibilités qui s'ouvraient à moi, qui incluaient plus que la perspective de mourir. J'ai décidé de ne pas me laisser enfermer par les statistiques. J'étais non seulement déterminé à vaincre ce cancer, mais j'ai également décidé de m'engager à devenir centenaire. J'ai commencé à me voir en train de fêter mon centième anniversaire en compagnie de ma famille, ma fille (qui était en CP) aurait alors 70 ans et mon fils (qui était à la maternelle), 67 ans. Dans mon esprit, il n'existait tout simplement *aucune autre option.*

Parvenir à comprendre le processus pour en arriver là n'a cependant pas été si simple.

*

L'une des plus grandes difficultés a été de décider s'il fallait ou non suivre le traitement recommandé par le médecin, à savoir le protocole de chimiothérapie hyper-CVAD. Moi qui étais pour le « tout naturel », la perspective d'absorber des substances de chimiothérapie, qui sont des poisons extrêmement toxiques destinés à tuer le cancer avant qu'il ne vous tue, allait vraiment à l'encontre de ma philosophie en matière de santé.

Ensuite, cette chimiothérapie hyper-CVAD est l'un des protocoles les plus puissants qui existent en la matière. Bien qu'il existe tout un éventail de soins, un grand nombre de protocoles impliquent que le patient se rende à l'hôpital ou à la clinique une ou deux fois par mois. De plus, en général, les effets secondaires des traitements rendent malade.

L'hyper-CVAD consiste en deux cocktails de quatre à cinq produits (cures A et B) administrés alternativement, chacun pendant une période de quatre à cinq jours. Au total, ce traitement par chimiothérapie, avec hospitalisation, dure plus de 650 heures. La chimiothérapie est tellement toxique qu'elle a endommagé définitivement mes veines et a dû être administrée *via* un cathéter central par insertion périphérique – un tube installé dans une veine de mon bras diffusait les produits dans mon artère la plus durable. La chimio hyper-CVAD peut être prescrite à petites doses afin de minimiser les effets secondaires. L'administration de ces divers produits engendrant des effets secondaires et des complications potentiellement mortels, le protocole implique une surveillance attentive par des médecins, à l'hôpital. Imaginez mon désespoir lorsque j'ai appris que l'un des nombreux effets secondaires mettant en danger la vie du patient et provoqué par l'un des médicaments que j'étais censé prendre était la leucémie. *Quoi ?* Le prétendu médicament qui allait m'être injecté dans les veines pour traiter ma leucémie aiguë lymphoblastique *donne* la leucémie ?

Le but était d'effectuer le plus de cycles possibles (ou nécessaires) dans un temps le plus bref possible, de façon à tuer le cancer avant qu'il ne me tue. Les médecins m'ont dit que l'enchaînement des cycles dépendrait de la façon dont mon corps récupérerait après chaque séance. Autrement dit, ce sont les dégâts provoqués par la chimio qui allait déterminer le rapprochement entre deux cycles. Si la chimiothérapie cause des ravages dans votre corps – et c'est le cas de toute chimiothérapie –, celle-ci est la plus redoutable. En fait, de nombreux patients meurent de ce traitement et non du cancer. C'est un peu fou de penser que vous prenez des substances pour sauver votre vie, mais qu'elles risquent de vous tuer. L'espoir repose sur l'idée que le traitement tue d'abord le cancer et que l'organisme de la personne doit être suffisamment fort pour qu'elle survive.

Je suis certain que vous pouvez imaginer à quel point ces décisions étaient mentalement difficiles pour moi. Le protocole menaçait ma vie. Est-ce que j'allais mourir du traitement dont j'espérais qu'il me sauverait la vie ? Et, par-dessus le marché, j'étais extrêmement déterminé à ne pas faire entrer dans mon organisme quelque chose de toxique. Cela allait tout simplement à l'encontre de ma manière d'être. Je ne pouvais m'empêcher de penser : *Il doit bien y avoir un meilleur moyen.*

On m'a rapidement dirigé vers l'un des meilleurs oncologues spécialistes de la leucémie au monde, le Dr Elias Jabbour, du MD Anderson Cancer Center. Lors de notre premier entretien dans son bureau, je me suis assis à côté de ma femme, Ursula. Je me sentais perdu et j'avais peur. Nous avons exprimé notre inquiétude en nous tenant la main et avons demandé au Dr Jabbour s'il m'aiderait à guérir naturellement de mon cancer.

Sa réponse m'a pris au dépourvu. Il m'a dit que s'il appréciait le fait que je souhaite guérir de façon naturelle, la LAL n'était pas un cancer qui offrait cette possibilité. Il nous a expliqué que je n'avais pas une tumeur à évolution lente et a souligné que la semaine précédente, j'étais en bonne santé et que maintenant, mes poumons, mon cœur et mes reins étaient défaillants. Il m'a assuré que si l'on ne faisait pas rapidement cette chimiothérapie hyper-CVAD, je mourrais en quelques jours, une semaine au maximum.

Ursula a fondu en larmes. Elle a serré ma main si fort que j'ai grimacé.

Même si je n'ai pas aimé la réponse de mon oncologue, pour des raisons évidentes, cela m'a fait m'interroger sur ses intentions. Je venais tout juste de rencontrer cet homme et je ne connaissais pas son cœur. *S'agissait-il d'une tactique visant à faire peur ?* Mon scepticisme a sonné la charge. Je lui ai demandé si nous pouvions disposer de 24 heures de réflexion. Le Dr Jabbour a accepté, mais à contrecœur.

Ce soir-là, Ursula et moi avons épluché des pages internet sur le sujet afin que tout soit clair. Je recherchais désespérément la preuve que nous pouvions opter pour une approche holistique. Mais il n'en existait aucune. En fait, tout ce que nous avons lu n'a fait que confirmer la sincérité du Dr Jabbour. Si je ne démarrais pas la chimio immédiatement, j'avais très peu de chances de survivre. Et si j'entamais bien le traitement, mes chances de survie étaient de l'ordre de 10 à 30 %.

Dans un ultime effort, je me suis réveillé le lendemain matin et j'ai appelé le bureau de l'un des meilleurs praticiens en oncologie holistique au monde, qui se trouvait exercer à Houston. Il avait soigné des milliers de patients souffrant d'un cancer, dont des célébrités telles que l'actrice Suzanne Somers. J'étais plein d'espoir. Lorsque j'ai dit à son assistante au téléphone que je souffrais d'une leucémie aiguë lymphoblastique avec mutation NUP1, elle m'a mis en attente afin de pouvoir transmettre mon diagnostic au médecin. Lorsqu'elle a repris le combiné une minute plus tard, elle m'a dit qu'elle était désolée, mais que le médecin n'avait jamais traité ce type de cancer et qu'il ne serait pas en mesure de m'aider.

Vous imaginez ce que j'ai pensé : *Si l'un des meilleurs praticiens au monde en oncologie holistique n'est pas capable de m'aider, alors que tout ce que j'ai lu laisse penser que ce cancer va me tuer en quelques jours si je ne démarre pas la chimiothérapie hyper-CVAD, et que l'un des effets secondaires de cette chimio est la déclaration d'une leucémie, que suis-je censé faire ?* Il n'y avait pas de réponses claires. Allongés sur le lit d'une chambre d'hôtel, à 270 kilomètres de la maison et de nos enfants, Ursula et moi avons pris la décision délicate d'opter pour la chimiothérapie hyper-CVAD. J'ai appelé le bureau du Dr Jabbour et, une heure plus tard, j'étais assis sur un lit d'hôpital et on me posait un cathéter dans le bras.

Si les prières n'ont pas manqué par la suite, les premières répondaient à une véritable curiosité : *Mon Dieu, je suis déjà mort une fois. Pourquoi cela m'arrive-t-il à moi ? Qu'est-ce que je peux apprendre de plus d'un autre grand malheur ?* Comme je devais le découvrir, il me restait *plein de choses* à apprendre.

La foi inébranlable alimente l'effort extraordinaire

Au cours des douze mois suivants, j'ai passé mon temps entre trois lieux : l'hôpital (au MD Anderson Cancer Center), un appartement proche de l'hôpital que je louais afin de pouvoir récupérer après mes séances et la maison, où je me rendais occasionnellement afin d'être aux côtés de ma famille. En vérité, mes soins ont vraiment été un effort familial. Mon père, brillant dirigeant, a mis sa carrière entre parenthèses et a tout lâché pour emménager avec moi et être mon principal aidant. Il me conduisait à mes rendez-vous, restait assis à côté de moi pendant les séances de chimio et m'amenait à toute allure aux urgences dès que ma température grimpait (les infections peuvent être fatales quand vous suivez une chimio, car votre système immunitaire est alors extrêmement affaibli). Ma mère et ma sœur ont traversé le pays à de nombreuses reprises pour être avec moi à l'hôpital ou s'occuper de mes enfants afin que ma femme puisse être à mes côtés. Pendant que tout ceci se déroulait à l'hôpital et autour, Ursula – mon roc – avait à mes yeux la tâche la plus difficile à accomplir. Elle était tiraillée entre se rendre à Houston pour être auprès de moi et essayer de maintenir une forme de vie normale pour nos enfants restés à Austin, à 270 kilomètres. Du jour au lendemain, elle est devenue mère célibataire alors que peu de temps avant, j'étais à ses côtés pour contribuer à l'éducation de nos enfants, tout cela associé au stress et à la peur de me perdre. Toute la gratitude que j'éprouve envers ma famille, et surtout envers Ursula, dépasse les mots.

Ce qui m'a permis de conserver ma santé mentale pendant cette période difficile a été ma décision de faire preuve d'une foi inébranlable. La première chose qui vous fuit lorsqu'on vous donne une statistique du genre de celle que l'on m'a communiquée, que vous n'avez guère de chances de vous en sortir, c'est la foi. Nous devons délibérément décider de conserver une foi inébranlable. Le fait de prendre cette décision et de s'y tenir vous éloigne des statistiques et vous place dans la catégorie des personnes, peu nombreuses, qui réussissent à les déjouer. Contrairement à ce qu'on pense, conserver la foi ne consiste pas simplement à suivre aveuglément les croyances et les enseignements des autres. Il s'agit d'avoir foi en soi et en son engagement de fournir l'effort extraordinaire nécessaire, quel qu'il soit, afin que le résultat idéal se matérialise.

C'est là que mes mesures holistiques sont entrées en scène. En dehors des soins médicaux très évolués du Dr Jabbour et du MD Anderson Cancer Center, je me suis immédiatement mis en quête de trouver les méthodes de traitement holistique les plus efficaces et éprouvées qui existent – désintoxiquer mon corps (des produits de la chimio), renforcer mon système immunitaire et créer un environnement dans lequel le cancer ne pourrait pas s'épanouir. Cela englobait une alimentation principalement végétale, la consommation de jus de légumes organiques frais et l'ingestion quotidienne de 70 compléments alimentaires naturels. Je me suis également astreint à des séances hebdomadaires d'acupuncture et de sauna à l'ozone, j'ai fait des lavements au café, utilisé deux fois par jour un dispositif appelé matelas BEMER[13], pris de l'huile de CBD[14], médité, prié, fait de l'exercice physique, récité des affirmations liées au cancer, entre autres choses. Les recherches que j'ai effectuées, associées aux exercices holistiques qui en ont découlé, sont devenues mon effort extraordinaire.

La foi inébranlable en action

Il y a quelque temps, lorsque j'ai envisagé d'écrire ce livre, j'ai interrogé la communauté Miracle Morning (groupe Facebook) pour demander si quelqu'un avait une histoire d'équation du miracle à partager. J'ai reçu de nombreux récits inspirants, dont le suivant, qui m'a particulièrement touché, car il avait de très nombreuses similitudes avec ma lutte contre le cancer. Ce récit montre tout simplement que l'équation fonctionne vraiment pour tous ceux qui l'appliquent.

Rachel Harris a découvert l'équation du miracle au moment même où on lui a diagnostiqué un

13 Matelas utilisé pour stimuler la circulation sanguine.

14 Huile produite à partir du chanvre et riche en cannabidiol.

cancer. À l'âge de 38 ans, son cancer des intestins s'est propagé au foie et aux nœuds lymphatiques. Les médecins lui ont dit que son cancer n'était pas opérable. On lui a donc administré une chimiothérapie palliative. Mère de deux jeunes enfants, elle a refusé ce pronostic et s'est engagée à appliquer l'équation du miracle à son existence. Selon Rachel : « Nous vivions et respirions l'équation. »

Et c'est là que le miracle s'est produit. Malgré le pessimisme des médecins, après un cycle de chimio, ses tumeurs ont rétréci et sont soudain devenues opérables. Rachel a continué d'associer sa foi inébranlable en une vie longue et heureuse à un effort extraordinaire : elle a modifié de façon importante son alimentation, elle a pris tout un tas de compléments alimentaires, elle a médité chaque matin, est restée en bonne forme physique et elle a effectué de nombreuses recherches sur la manière de se soigner. Voici ce qu'elle en dit : « L'équation du miracle a donné le ton à mon périple contre le cancer et je la respecterai toujours. Je pense que c'est peut-être bien elle qui m'a sauvé la vie ! »

Après avoir vécu l'année la plus difficile, la plus douloureuse et la plus abominable de mon existence – avec plus de 650 heures de chimiothérapie et de nombreuses nuits passées aux urgences à lutter pour rester en vie –, je suis ravi de vous apprendre que j'ai reçu récemment un nouveau diagnostic : je suis « en rémission ». Cela signifie que les médecins sont incapables de détecter le moindre cancer dans mon organisme. Certes, il m'a fallu supporter des effets secondaires pénibles. Certes, j'ai eu peur de mourir et d'abandonner ma femme et mes enfants. Et c'est vrai, il m'est souvent arrivé de douter de moi et d'avoir envie de baisser les bras. Je pense avoir été capable de gérer tout cela bien mieux que la plupart des gens, car j'ai cultivé activement une foi inébranlable à chaque étape du processus des soins. Même les médecins ont été un peu surpris de l'optimisme que j'ai conservé, y compris au cours des pires moments de mon traitement.

Surtout, j'ai survécu et je suis désormais capable de rester fidèle à mon engagement de vivre vieux et en bonne santé aux côtés de ma famille.

Où trouver votre foi inébranlable

Au cours de mon expérience d'utilisation de l'équation du miracle la plus récente afin de créer un miracle tangible et mesurable (vaincre le cancer), il est juste de dire que j'avais un avantage, dans la mesure où je m'étais déjà servi à de multiples reprises de cette équation. J'avais également observé d'autres personnes qui en avaient fait usage. J'ai compris comment elle fonctionne et, surtout, j'ai compris qu'elle marche *bel et bien.* J'ai donc été en mesure de m'y tenir. J'ai pu l'exploiter de l'intérieur. Mais si vous n'en êtes pas encore à ce stade, ne vous inquiétez pas. Il existe plein d'endroits où la puiser.

Si vous avez vu le documentaire *The Miracle Morning,* vous connaissez l'histoire de Rister Ratemo. Quand Rister a commencé à perdre la vue à l'âge de 14 ans, elle a conservé une foi inébranlable, croyant fermement que Dieu allait guérir ses yeux et lui redonner la vue. Elle s'est ensuite servie de sa foi pour alimenter son effort extraordinaire et elle a traversé la moitié de la planète pour se rendre, depuis sa maison située au Kenya, dans une clinique américaine afin de subir la première de ses six interventions chirurgicales. Son effort était extraordinaire en partie parce que Rister n'avait d'autre choix que de voyager seule, alors qu'elle était pratiquement aveugle. En effet, dans la culture kenyane, il est tabou de recevoir une partie du corps de quelqu'un d'autre et son opération impliquait une greffe de la cornée. Rister a puisé sa foi en Dieu et dans la religion. Si la religion ou la spiritualité vous réconforte, vous appuyer sur ces ressources peut vous aider à cultiver votre foi inébranlable.

La religion et la spiritualité génèrent une foi inébranlable de source externe. Mais il en existe beaucoup d'autres formes. Souvent, un coach ou un mentor est une bonne source de foi inébranlable. Je compare cette notion au film *Matrix.* Souvenez-vous, le personnage de

Laurence Fishburn, Morpheus, n'arrête pas de dire au personnage de Keanu Reeves, Neo, qu'il est « l'élu ». Ce n'est que lorsqu'il est lui-même convaincu d'être l'élu que Neo accède à tout son potentiel. De même, lorsque vous croirez dur comme fer que vous êtes celui qui mérite ce qu'il souhaite, et que vous avez les mêmes capacités que n'importe quelle autre personne sur terre, vous bénéficierez totalement de votre potentiel sans limites.

Dans le même ordre d'idées, avant d'avoir foi en moi, je l'ai empruntée à mon premier manager chez Cutco, Jesse Levine (celui-là même qui m'a enseigné la règle des cinq minutes). Jesse avait foi en ma capacité à battre divers records de ventes au sein de Cutco Corporation. Dès le jour de notre rencontre, il était persuadé que je pouvais accomplir des choses inédites.

Au départ, même si ses propos sonnaient doux à mes oreilles, je ne pensais pas qu'il avait raison. Toute une vie d'incertitudes et de doute de soi m'avait conduit à livrer une bataille intérieure contre mon potentiel sans limites. *Jesse pense que je suis capable de tout, mais il ignore qu'au fond de moi j'ai terriblement peur d'échouer.* Mais au final, grâce à la foi inébranlable de Jesse en moi, j'ai commencé à envisager le fait que ce qu'il disait pouvait être vrai. *Je suis peut-être vraiment capable d'accomplir n'importe quelle mission à laquelle je déciderais de m'attaquer.* La foi de Jesse en moi a fini par devenir ma foi en moi-même et c'est là que j'ai déclaré être doté du pouvoir intrinsèque de me forger une vie extraordinaire.

Il faut parfois emprunter la foi que quelqu'un d'autre a en vous pour que votre foi en vous-même se mette au diapason.

Si vous êtes inquiet de ne pas avoir encore de mentor, rassurez-vous, car vous pouvez emprunter cette foi inébranlable à un parfait inconnu. Je veux parler d'une personne que vous avez observée de loin. Il peut s'agir d'un sportif qui vient de remporter un championnat du monde, d'un athlète olympique qui a décroché plusieurs médailles d'or. C'est peut-être un P-DG ou un millionnaire autodidacte qui a obtenu des résultats que vous visez. Vous pouvez lire ses ouvrages, suivre sa progression ou écouter ses interviews afin d'étudier son état d'esprit et avoir un aperçu de son mode de pensée :

« J'ai visualisé ce moment des milliers de fois. »

« Il ne faisait aucun doute dans mon esprit que nous allions gagner. »

« J'ai travaillé trop dur pour ne pas être le meilleur. »

Ce faisant, vous pourrez prendre conscience qu'en coulisses, à l'abri des regards, ces champions – ces experts en miracles – cultivent une foi inébranlable. C'est cet état d'esprit qui fait d'eux des champions. Ils sont toujours disposés à relever le prochain défi, car ils ont foi en leur capacité de réussite. Et s'ils n'y parviennent pas, leur foi ne vacille pas pour autant, car ils sont sûrs de réussir la prochaine fois. Ils n'hésitent jamais à saisir les occasions, ils courent même après.

Je n'oublierai jamais le retour du joueur de NBA Reggie Miller contre les Knicks, qui a fait l'admiration de tous, lorsqu'il s'est servi de l'équation du miracle pour inscrire *huit points en neuf secondes,* ce qui paraissait impossible, lors de la demi-finale de la Conférence Est en 1995. Cela ne semblait pas possible et c'était même diablement improbable. Aucun joueur n'avait réussi un tel exploit auparavant, exploit qui n'a jamais été renouvelé depuis. Reggie est un autre exemple de personne qui a conservé une foi inébranlable et fourni un effort extraordinaire jusqu'au tout dernier moment. Il était persuadé de pouvoir déjouer les pronostics, et il a réussi. La foi inébranlable débloque toujours le potentiel présent en vous, jusqu'ici en sommeil, et vous offre de nouvelles possibilités qui vous semblaient auparavant hors de portée.

Si vous avez du mal à trouver des personnes qui incarnent cette foi inébranlable, empruntez-la aux auteurs que vous lisez (vous pouvez bien entendu commencer par celui-ci.) Je considère comme des mentors les auteurs de tous les livres que je lis. Même si nous ne sommes pas physiquement proches, j'apprends beaucoup d'eux.

Vous pouvez toujours retomber dans le truisme universel selon lequel, si un autre être humain a accompli une chose que vous désirez, sa réussite est la preuve que c'est également possible pour vous. Si les personnes les plus brillantes au monde, dans tous les domaines, choisissent délibérément d'afficher une foi inébranlable en leur vie, vous pouvez vous aussi faire ce choix… et dès maintenant.

Un outil pour entretenir une foi inébranlable

Une fois prise la décision de voir vos objectifs à travers le prisme d'une foi inébranlable, il vous faut la conserver, ce qui est plus facile à dire qu'à faire. Même de petits obstacles peuvent vous faire perdre le cap. Pas besoin d'être confronté à une situation qui menace votre vie pour sentir votre espoir s'étioler. Le doute de soi, auquel nous faisons tous face, est renforcé chaque fois que nous rencontrons un obstacle. Dans mon cas, chaque fois que la chimio me rendait malade, je me sentais faible, j'étais tenté de baisser les bras. Mais je ne l'ai pas fait.

L'outil que je n'ai cessé d'utiliser pour garder active ma foi inébranlable en mon objectif et en moi-même est ce que j'appelle mon *mantra du miracle.* Vous vous souvenez peut-être lorsque je l'ai présenté au chapitre 2 : *Je m'engage à conserver une foi inébranlable en ma capacité à vendre pour 20 000 dollars pendant la période de concours et à fournir un effort extraordinaire jusqu'à ce que j'y parvienne, quoi qu'il advienne… il n'y a pas d'autre option.* Cette seule phrase m'a permis de continuer à avancer lorsque j'avais perdu le cap et que j'étais tenté d'abandonner. Elle peut donc en faire autant pour vous. Votre mantra du miracle se constitue d'une seule phrase qui cerne votre engagement dans votre mission et vous rappelle que c'est le fait de conserver une foi inébranlable et de fournir un effort extraordinaire – dans la durée – qui donnera vie à votre miracle.

Lorsque je suivais le traitement de mon cancer, je me suis répété ce mantra du miracle d'innombrables fois : *Je m'engage à conserver une foi inébranlable en ma capacité à vaincre le cancer et à vivre vieux et en bonne santé aux côtés de ma famille, et je continuerai à fournir un effort extraordinaire jusqu'à ce que j'y parvienne, quoi qu'il advienne… il n'y a pas d'autre option.* En le répétant, j'ai renforcé ma résolution à me battre, à fournir un effort extraordinaire, surtout lorsque j'avais envie de cesser de lutter.

Voici le modèle de base pour créer votre mantra du miracle : *Je m'engage à conserver une foi inébranlable en ma capacité à ______________ [insérer votre mission], et je continuerai à fournir un effort extraordinaire jusqu'à ce que j'y parvienne, quoi qu'il advienne, car il n'y a pas d'autre option.*

Prenez quelques instants pour écrire votre premier mantra du miracle.

____

____

____

____

____

____

Votre mantra du miracle est votre boussole, votre étoile Polaire, votre pense-bête. Il vous permet de rester concentré sur votre engagement et d'éteindre la voix têtue du doute de soi. Considérez-le comme le mégaphone de votre intégrité. Il permet de conserver votre mission au premier plan de votre univers et de jouer le rôle de piqûre de rappel permanente : « Je demeure totalement engagé, quoi qu'il advienne… il n'y a pas d'autre option. »

Maintenant que vous savez comment instaurer et perpétuer l'état d'esprit d'un expert en miracles, nous allons explorer, dans le chapitre qui suit, la seconde partie de l'équation du miracle, à savoir l'effort extraordinaire. Nous verrons ce qu'il faut faire pour que votre foi en la possibilité de créer un miracle se transforme en réalité tangible.

Chapitre 8

VOTRE SECONDE DÉCISION : FOURNIR UN EFFORT EXTRAORDINAIRE

Cet effort est moins extraordinaire
que vous le pensez

Dans toutes les affaires humaines, il y a les efforts
et il y a les résultats. Et la force de l'effort
est la mesure du résultat.

JAMES ALLEN

Je me suis toujours considéré comme quelqu'un d'assez paresseux. Quand je n'avais pas encore atteint l'âge adulte, l'idée de travailler dur n'était pas très séduisante à mes yeux. J'évitais donc tout ce qui impliquait de « bosser d'arrache-pied ». Je me souviens très bien qu'après des vacances avec ma famille élargie, lorsque tout le monde se mettait à nettoyer et ranger notre bazar, j'allais me cacher dans ma chambre jusqu'à ce que tout soit propre. Quand une tâche demandait un effort même ordinaire, j'étais aux abonnés absents.

Des devoirs scolaires aux tâches ménagères, en passant par les premiers exercices à l'école primaire, j'ai pris l'habitude de faire le minimum nécessaire pour éviter toute conséquence négative importante, comme être collé ou renvoyé. La paresse est devenue une caractéristique profondément ancrée dans mon identité.

En vieillissant, j'ai trouvé des astuces qui me facilitaient la tâche, de sorte que je n'ai jamais été contraint de travailler dur. Je transformais cela en jeu, je me distrayais en faisant plusieurs choses à la fois ou je déléguais à ma petite sœur. Il m'arrivait de m'armer de suffisamment de courage pour m'attaquer à un projet plus important, mais je n'arrivais jamais à maintenir assez longtemps mon coup de collier pour me considérer comme une personne disciplinée. C'était d'ailleurs ma plus grosse difficulté : je ne parvenais pas à me voir meilleur que par le passé.

Même lorsque j'ai cumulé plus de soixante heures de travail en une semaine pour battre un record de ventes (à 19 ans), quand je me suis réveillé chaque jour à 3 h 30 pour écrire Miracle Morning (à 28 ans) où quand j'ai couru plus de 30 kilomètres par semaine afin de me préparer à mon premier (et dernier) ultra-marathon (à 30 ans), cette image de soi déformée représentait toujours une personne paresseuse parvenue par la ruse à ne travailler dur que pendant un temps limité. Quelle que soit l'activité, je me considérais toujours comme le petit garçon paresseux que j'avais été toute ma vie. Une *dysmorphie du potentiel* dans sa forme la plus pure. Après de brefs sursauts d'activité, je retombais dans mon vieux schéma consistant à en faire le minimum pour éviter toutes conséquences négatives, comme lorsque j'étais enfant. La seule chose constante était mon inconstance.

Cependant, étonnamment, cette supercherie était et demeure extrêmement précieuse, car j'ai compris, même en tant que paresseux, comment obtenir des résultats d'envergure et atteindre des niveaux de réussite que je n'avais jamais imaginés possibles, du moins pour moi. Au fil du temps, plus je me suis montré capable de trouver des astuces pour travailler dur, même si cela ne durait pas longtemps, plus mon identité s'est mise à changer, me permettant de passer d'une personne paresseuse à une autre disciplinée. Lentement mais sûrement, en améliorant progressivement mon identité, j'ai pu constater des progrès aussi bien en termes de résultats que de constance.

Comment une personne qui se dit paresseuse peut-elle se transformer en un travailleur capable de fournir régulièrement un effort extraordinaire et de faire des miracles ? Eh bien, en faisant en sorte de simplifier l'effort extraordinaire pour qu'il paraisse beaucoup moins… extraordinaire.

Dans ce chapitre, je vais simplifier l'implication de l'effort extraordinaire et je vais vous montrer précisément comment vous placer dans les conditions idéales pour passer à l'action, avec constance, même lorsque vous n'en avez pas envie, afin de pouvoir mettre en œuvre l'équation du miracle et commencer à accomplir des miracles dans tous les domaines.

Rendre ordinaire un effort extraordinaire

Comme je vous l'ai déjà dit, l'effort extraordinaire est la seconde décision que vous devez prendre pour mettre en œuvre l'équation du miracle. Une fois que vous êtes convaincu que ce n'est pas juste possible, mais que c'est possible *pour vous,* vous devez prendre les mesures nécessaires qui rendront votre succès inévitable. La création de miracles demande de l'engagement et un effort dans la durée. Vous devez être disposé à consacrer tout le temps nécessaire et à faire tous les efforts utiles à l'obtention de résultats significatifs qui transformeront la vision que vous avez de vous-même. Mais avant que vous refermiez ce livre, sachez que fournir un effort extraordinaire n'implique pas de vous épuiser à la tâche et de risquer le burn-out. C'est même le contraire, en fait.

Voici les trois composantes de l'effort extraordinaire :

- des actes qui vous rapprochent du résultat idéal ;
- des actes qui vous feront très probablement sortir de votre zone de confort ;
- un effort constant sur la durée (quels que soient les résultats obtenus en cours de route).

Cela ne semble pas si horrible, n'est-ce pas ? Étudions maintenant chacun de ces composantes.

Les actes qui vous rapprochent du résultat idéal servent à éviter de vous épuiser et de perdre du temps à exécuter des tâches qui n'auront que des bienfaits à court terme ou un impact minime, dont le seul but est de vous occuper et de vous détourner de ce qui importe vraiment. Cela signifie que vous devez rester concentré et productif. Au lieu de vous user à la tâche, les mesures que vous prenez doivent vous donner de l'énergie, être mesurables et avoir du sens. Vous en découvrirez plus sur le sujet tout au long de ce chapitre.

Les actes qui vous feront très probablement sortir de votre zone de confort sont source d'évolution. Vous ne deviendrez jamais un expert en miracles si vous continuez à faire ce que vous avez toujours fait. Au départ, sortir de sa zone de confort est toujours perturbant, mais avec le temps, cela devient votre nouvelle normalité, votre nouvelle productivité et le point de départ de vos efforts.

Un effort constant dans la durée (quels que soient les résultats obtenus en cours de route) le ciment qui lie le tout. Vous n'irez nulle part si vous ne faites que quelques pas, puis baissez les bras. Vous devez demeurer investi dans le temps pour tenir la distance. Et la constance facilite les choses. Vous vous souvenez comment sortir de votre zone de confort ? Eh bien, après avoir évolué en dehors de votre zone de confort pendant quelques semaines, vous n'êtes plus si mal à l'aise. Quand vous élargissez votre zone de confort, vous étoffez également ce qui est possible pour vous.

*

David Osborn, auteur à succès du *New York Times,* coauteur de *Wealth Can't Wait: Avoid the 7 Wealth Traps, Implement the 7 Business Pillars, and Complete a Life Audit Today!* et coauteur de *Miracle Morning Millionaires: What the Wealthy Do Before 8AM That Will Make You Rich,* dit souvent que devenir riche n'est tout simplement qu'un choix. Si vous observez des gens qui ont gagné beaucoup d'argent et si vous décidez d'adopter leur état d'esprit (foi) et de copier leur comportement (effort) dans la durée, vous obtiendrez des résultats similaires. Bien entendu, vous pouvez remplacer « gagner beaucoup d'argent » par n'importe quelle autre valeur plus importante à vos yeux (être heureux, être en bonne santé, être un bon parent, etc.).

Si vous pensez que c'est vrai, et j'estime pour ma part que ça l'est pour la plupart des gens, pourquoi tout le monde n'est-il pas devenu riche ? Parce que la création d'une richesse extraordinaire demande un effort extraordinaire et il est plus facile de continuer à faire comme d'habitude que d'innover. Même si vous vous considérez, ou non, comme quelqu'un de travailleur et de discipliné, la plupart d'entre nous fournissent le moins d'efforts possible pour obtenir le résultat recherché. Cela fonctionne jusqu'à ce que vous déterminiez le ou les efforts à fournir pour parvenir à vos fins.

Décomposons la procédure qui établira les efforts à mettre en œuvre pour obtenir les résultats souhaités *et* rendre ordinaire l'effort extraordinaire.

ÉTAPE 1 : déterminer le processus

Une fois votre mission définie, avec l'objectif principal de devenir une version plus compétente de vous-même, et la décision prise de conserver une foi inébranlable en votre succès, vous devez déterminer quel sera le processus employé. Chaque objectif ou résultat recherché est généré par un processus, à savoir les actions spécifiques à mener pour l'obtenir et mener la vie que vous espérez.

Quelles tâches exécuterez-vous chaque jour en priorité ? Si vous avez un doute sur la nature de ces tâches, faites quelques recherches. Allez sur Internet pour découvrir les mesures à prendre afin d'atteindre le type d'objectif vers lequel vous tendez ou recherchez les ouvrages à succès dans ce domaine. Contactez un mentor ou un expert en miracles. Si la première étape de votre processus est de chercher à comprendre la nature de votre processus, pas de problème.

Lorsque j'ai décidé d'atteindre la barrière des 200 000 dollars de ventes chez Cutco, la première chose que j'ai faite a été d'appeler mes collègues qui avaient déjà atteint cet objectif. J'avais rédigé une liste de questions sur les conditions mentales et les aspects émotionnels associés à un objectif si élevé, et sur leurs actions jour après jour et semaine après semaine pour parvenir à leurs fins. Je souhaitais comprendre le processus qu'ils avaient employé pour atteindre ce niveau de réussite.

Après les avoir tous interrogés, j'ai pris conscience qu'ils avaient une caractéristique en commun : la *constance.* Les activités qu'ils menaient n'étaient pas différentes de ce que je faisais. Ils ne possédaient pas de talents particuliers ou des bottes secrètes pour vendre. Ils s'investissaient simplement dans le processus consistant à passer un nombre prédéfini d'appels téléphoniques et à programmer un nombre précis de rendez-vous afin d'être en phase avec leurs objectifs commerciaux. Tous les commerciaux font cela. Ce qui distinguait les plus brillants d'entre eux, c'est qu'ils passaient chaque jour le nombre d'appels prédéterminé et honoraient le nombre programmé de rendez-vous chaque semaine, immanquablement. Alors que je mettais des coups de collier épisodiques et gagnais suffisamment d'argent pour m'offrir du bon temps et apprécier les fruits de mon labeur, ces types gardaient le cap en exécutant chaque jour le processus prédéterminé, quoi qu'il advienne. L'adage selon lequel « les personnes qui réussissent transforment en habitude ce que celles qui ne connaissent pas le succès font seulement de temps en temps » prenait soudain tout son sens.

Après avoir découvert le secret, pas tellement glamour, de leur succès, la suite a été automatique. J'ai prédéfini mon processus en calculant le nombre de rendez-vous nécessaires pour atteindre mon objectif commercial, puis transposé ce chiffre en nombre d'appels à passer. J'ai trouvé que pour vendre plus de 200 000 dollars de produits Cutco cette année-là, il me suffirait de passer au minimum deux cents appels par semaine (quarante appels par jour × cinq jours par semaine) afin de programmer une moyenne de quatorze rendez-vous, ce qui produirait en moyenne dix ventes par semaine, pour un montant d'environ 4 000 dollars.

Le nombre de quarante appels ne semblait pas extraordinaire. J'avais déjà passé quarante coups de fil en un seul jour à de multiples reprises. Je n'avais tout simplement pas atteint *régulièrement* ce chiffre. En fait, au cours des deux années pendant lesquelles j'ai franchi l'étape des 100 000 dollars, j'avais tout juste passé en moyenne vingt appels par jour à raison de cinq jours par semaine. Ce n'était donc vraiment pas sorcier : doubler mes appels, doubler mes ventes, doubler mes revenus. Il m'a fallu environ deux heures pour passer mes quarante appels et il m'a ensuite suffi d'honorer les rendez-vous que j'avais pris. Soudain, cet objectif intimidant, qui me terrifiait et n'avait été atteint que par une poignée de commerciaux dans toute l'histoire de l'entreprise qui avait plus de cinquante ans, semblait presque trop facile. C'est le pouvoir de la prédétermination de votre processus et de rendre ordinaire votre effort extraordinaire. Souvent, nos principaux objectifs nous font peur, mais ce n'est presque jamais le cas du processus. Voici d'autres exemples :

> La perte de quelques kilos indésirables sera toujours précédée d'un processus consistant à faire de l'exercice et à gérer votre apport calorique (et peut-être trouver les aliments plus adaptés à votre organisme et savoir quand les consommer).
>
> Si vous souhaitez acquérir une liberté financière, vous ne pouvez y parvenir qu'en vous engageant

à exécuter un processus consistant à gagner et à épargner beaucoup plus d'argent que ce dont vous avez besoin pour vous acquitter de vos factures.

Si vous souhaitez faire un marathon, les 42 kilomètres accomplis le jour J doivent être précédés d'un processus d'entraînement, qui consiste généralement à courir un nombre de kilomètres bien précis par jour ou par semaine.

Si vous souhaitez publier un livre, vous aurez besoin de vous engager dans un processus d'écriture régulier. Pour écrire cet ouvrage, je me suis engagé à écrire 1 000 mots par jour, que j'en aie envie ou non (et croyez-moi, l'envie n'était pas toujours au rendez-vous).

Comme vous pouvez le constater, votre processus n'a pas besoin d'être un plan complexe. Plus il sera simple, meilleur ce sera. Il vous suffit de décider du processus qui vous permettra de garder le bon cap vers l'accomplissement de votre mission, de vous engager à exécuter ce processus et de le programmer dans votre emploi du temps. C'est tout, ni plus ni moins. En fin de journée, dès que vous avez achevé les tâches définies à l'avance, à savoir celles qui rendront l'accomplissement de votre mission inévitable, vous êtes entièrement libre de vous focaliser sur l'avancée des autres objectifs.

Pour prédéfinir votre processus, posez-vous simplement la question suivante : *quelles activités, menées régulièrement, rendront mon succès inévitable ?*

ÉTAPE 2 : se libérer de tout attachement émotionnel aux résultats

Concernant ce processus, une chose est sûre, vous connaîtrez de mauvais jours, même de mauvaises semaines. Et savoir qu'ils sont inévitables ne les rend pas plus agréables. Le fait est que les êtres humains sont des êtres émotionnels. Et nous sommes donc émotionnellement attachés à nos résultats, mais cet attachement gêne notre capacité à rester investis dans le processus qui nous mettra sur la voie du succès. Pour la plupart des gens, ne pas accomplir ce qui était prévu est frustrant, épuisant et décourageant, alors que cela ne devrait pas être le cas. Lorsque vous vous investissez dans l'exécution de votre processus et que vous vous libérez de l'attachement émotionnel à vos résultats quotidiens, vos résultats à long terme viendront inévitablement d'eux-mêmes, sans que vous ayez besoin d'éprouver la moindre frustration.

Voici quelques exemples issus de la vie réelle :

1. J'ai un ami dont l'objectif était de perdre du poids. Il a établi son processus, qui reposait sur une limitation de l'apport calorique, le choix d'une alimentation essentiellement végétale et la pratique régulière d'une activité physique. Un jour, il m'a appelé pour me dire : « Hal, j'essaie ta stratégie du processus défini à l'avance. Ces trois dernières semaines, j'ai fait du sport quatre jours par semaine à raison d'une séance de trente minutes, mais je n'ai rien perdu. En fait, j'ai même pris cinq cents grammes et je ne comprends pas pourquoi. Je me sens démotivé. » Je lui ai demandé de vérifier son taux de masse graisseuse, car il y avait de fortes chances qu'il ait pris du muscle, ce qui nuisait à la perte de poids. Et c'est bien ce qui se passait. Au bout de trois mois, son taux de masse graisseuse était passé de 24 % à 14 %, et ceci parce qu'il respectait chaque jour son engagement d'exécuter son processus. S'il avait jeté l'éponge lorsque les chiffres de la balance ne bougeaient pas comme il l'espérait, aujourd'hui, il ne serait pas aussi mince et en bonne santé.

2. J'ai également eu un client, il y a plusieurs années, qui dirigeait au sein de son entreprise l'une des meilleures équipes de commerciaux du pays. C'était une superstar habituée à décrocher des résultats fantastiques. Lorsque nous travaillions ensemble, son objectif était de pousser son équipe à générer un chiffre d'affaires annuel de 1,3 million de dollars. L'appel de coaching qui m'a le plus marqué remonte à une époque où il avait le moral en berne et la peur au ventre, car les ventes de son équipe avaient chuté quelques semaines auparavant. Il n'arrêtait pas de revenir sur son business plan annuel, et plus particulièrement sur les prévisions de ventes hebdomadaires qu'il avait publiées en début d'année. Il avait du mal à comprendre pourquoi, après avoir accompli tout ce qu'il était censé faire, les résultats de ses commerciaux ne correspondaient pas à ses prévisions. Je lui ai fait remarquer que son attachement émotionnel aux résultats à court terme pouvait faire vaciller son engagement envers son processus, car il ne contrôlait pas les résultats au jour le jour de ses commerciaux, pas directement tout du moins. Certes, il pouvait *influer* sur leurs résultats, mais il lui était impossible de les *contrôler.* Il ne pouvait pas contrôler le nombre de personnes qui répondait au téléphone lorsque ses commerciaux passaient des appels, ni l'humeur des clients lorsqu'ils répondaient au téléphone. Il était dans l'impossibilité de contrôler qui programmait ou non un rendez-vous avec des membres de son équipe commerciale ou qui se présentait aux rendez-vous fixés. Il ne pouvait pas contrôler qui achetait auprès de ses commerciaux, leur fournissait des indications de clients, etc. Ses émotions étaient liées à tous ces résultats, et à bien d'autres choses. Une fois qu'il a pris conscience qu'il lui suffisait de s'assurer que ses commerciaux passaient bien leurs appels téléphoniques – la seule chose qu'il pouvait contrôler –, l'exercice de son métier a changé. Il ne laissait plus les résultats à court terme de ses commerciaux infléchir son humeur et sa motivation. Après avoir pris cette décision, il s'est désintéressé du chiffre d'affaires que son équipe réalisait un jour donné et même de l'atteinte des objectifs commerciaux sur une semaine. Il acceptait la nature des résultats avant même qu'ils tombent (vous vous souvenez de notre conversation « Je ne peux rien y changer » ?). Il restait concentré sur la vision d'ensemble et avait foi en un nivellement des résultats s'il continuait à mettre en œuvre son propre processus, qui était de s'assurer que ses commerciaux passent bien leurs appels journaliers sur une longue période. Au cours de cet appel téléphonique, j'ai senti disparaître son stress lorsqu'il a pris conscience qu'il ne devait se concentrer que sur son propre processus.

3. Je vais vous donner un autre exemple personnel. Lorsque *Miracle Morning* est sorti, j'avais seulement les ressources d'une personne lambda devant promouvoir un livre. Je ne disposais pas d'une plateforme ou d'une liste d'adresses mail étoffée. Et je ne connaissais personne qui possédait cela. Je me suis donc demandé quel serait le meilleur moyen pour promouvoir mon nouvel ouvrage. Après avoir échangé avec plein d'auteurs et fait des recherches en ligne, j'ai décidé que la stratégie fondamentale à mettre en œuvre serait d'être interviewé sur des podcasts. J'ai supposé que le type de personnes qui écoutent des interviews sur des podcasts est du genre à investir dans le développement personnel. C'est également une stratégie rentable, car elle ne coûte rien d'autre qu'un peu de temps.

Depuis, j'ai réalisé plus de trois cents interviews sur des podcasts et produit plus de deux cents épisodes de mon podcast *Achieve Your Goals* (« Atteins tes objectifs »). Il m'a fallu dix-huit mois d'interviews rien que pour vendre le même nombre d'exemplaires que j'étais parvenu à écouler au cours du premier mois après la publication du livre. Le graphique ci-après montre qu'il est très précieux de rester investi dans votre processus *dans la durée,* quels que soient vos résultats à court terme. Au bout de ces dix-huit mois, le nombre de ventes était toutefois faible par rapport au temps consacré et aux efforts fournis pour assurer ces interviews. Comme vous pouvez le voir sur le graphique, je n'ai pas vendu beaucoup de livres de décembre 2012 à juin 2014, ce qui signifie que mes efforts n'ont pas porté leurs fruits à court terme. Si j'avais été émotionnellement attaché à mes résultats à court terme, je n'aurais jamais réussi, mais je croyais en ce livre et je savais qu'il allait changer la vie des gens. Je suis resté fidèle à mon processus et focalisé sur une vision d'ensemble. Et mon engagement a fini par payer. Aujourd'hui, *Miracle Morning* s'est vendu à plus d'un million d'exemplaires, dont la moitié aux

États-Unis et l'autre moitié dans plus d'une centaine de pays à travers le monde – une preuve supplémentaire que si atteindre des objectifs importants prend souvent plus de temps que nous le souhaitons, lorsque nous conservons une foi inébranlable et continuons de fournir un effort extraordinaire dans la durée, nous sommes capables d'accomplir des miracles.

Progression des ventes du livre *Miracle Morning* de 2012 à 2015

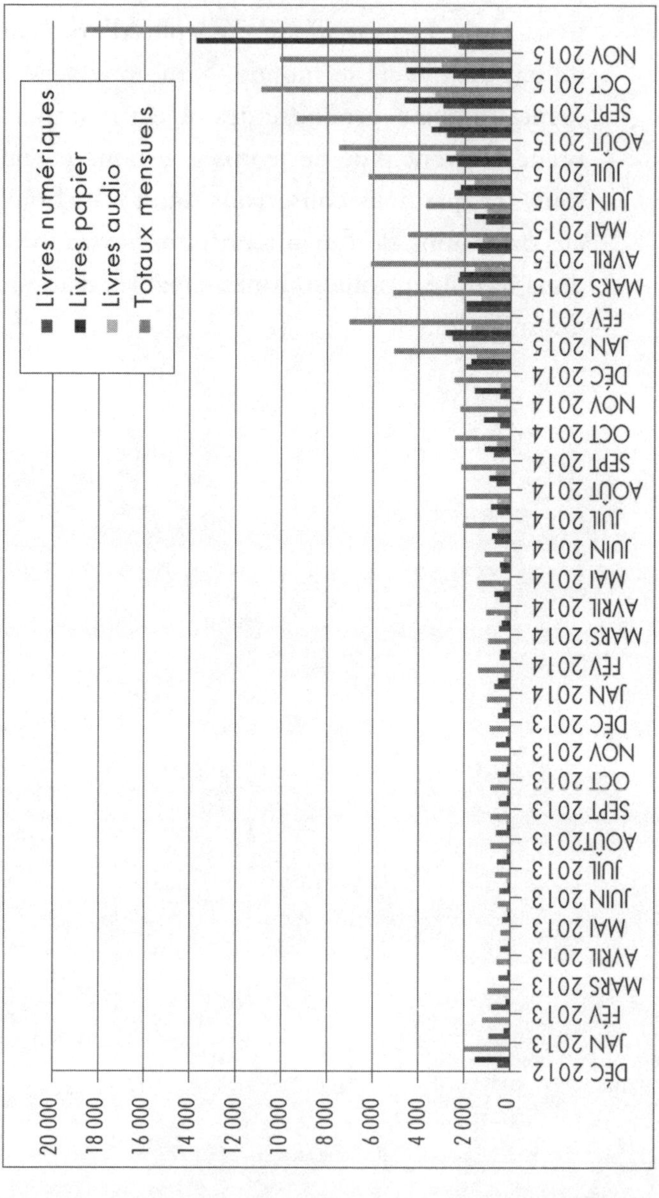

ÉTAPE 3 : inscrire le processus dans votre emploi du temps

Nous avons tous vécu ça, acheter une nouvelle tenue de sport ou commander tout un tas de livres sur un thème que nous avons envie de découvrir, puis les laisser dans un coin de la chambre sans les utiliser. Nous sommes occupés. Les enfants tombent malades. Un client vous donne beaucoup de travail. La vie s'écoule.

Pour rester fidèle à votre processus, il suffit de le programmer dans votre emploi du temps, idéalement comme un rendez-vous récurrent. Vous devez organiser vos journées et planifier des activités de manière proactive, sous peine que rien ne change.

Sortez votre calendrier, papier ou numérique, et indiquez dessus le moment où vous aurez achevé votre processus, en précisant les tâches qui lui sont associées. Si vous vous attelez à obtenir un diplôme universitaire, vous pouvez vous engager sur le nombre de cours à suivre chaque semestre, ainsi que programmer les créneaux horaires pour étudier et faire vos devoirs. Si vous vous servez d'un calendrier numérique (ce que je recommande vivement), faites-en un rendez-vous récurrent. Il ne vous restera ensuite qu'à le respecter. Si vous souhaitez passer plus de temps avec vos enfants, programmez ce moment dans votre agenda. Si votre objectif est de vous dégager plus de temps pour prendre soin de vous, programmez-le également. Mais surtout, faites en sorte que rien ne vienne interférer avec ce créneau. Ne rognez jamais le temps nécessaire pour exécuter votre processus et faites de l'accomplissement de votre mission l'élément le plus important. C'est ainsi que vous pourrez passer du stade du possible à celui du probable, puis à celui que nous recherchons tous : faire que l'accomplissement de votre mission devienne inévitable.

J'ai bien conscience que cela peut paraître un peu trop insistant, comme si j'étais là à vous tenir la main de manière excessive. Mais j'ai constaté que lorsqu'une tâche n'est pas assez importante pour figurer au programme, elle risque de ne jamais être accomplie, ou de l'être irrégulièrement.

Si vous avez peur d'être submergé en ajoutant des choses sur votre barque déjà bien chargée, vérifiez votre emploi du temps pour le reste de la journée. Voyez si vous pouvez être plus efficace ou si vous pouvez remplacer des activités accessoires par celles qui sont vraiment essentielles à l'accomplissement de votre mission. Vous pouvez peut-être ne pas faire vos courses vous-même, mais bénéficier des nombreux services de livraison relativement peu onéreux ou utiliser les différents drives des grandes enseignes. J'utilise ce genre de service (et d'autres encore) de façon à mieux me concentrer sur ce qui importe le plus, à savoir ma mission et les autres objectifs. Vous pouvez également jouer avec vos enfants au lieu de passer une heure devant la télévision, vous réveiller une heure plus tôt afin de travailler sur le lancement de votre nouvelle activité. Il est plus facile d'atteindre votre objectif lorsque vous avez clairement en tête les actions à mener et les créneaux horaires idéaux, et lorsque ces tâches sont inscrites à votre emploi du temps.

ÉTAPE 4 : garantir le succès grâce à la responsabilisation

Vous vous connaissez mieux que quiconque. Que pensez-vous donc qu'il vous faudra pour vous engager – et rester engagé – dans votre processus ? Êtes-vous du genre plutôt autonome et à aller au bout des choses lorsque vous vous engagez, que vous soyez ou non responsabilisé par quelqu'un d'autre ? Si c'est le cas, vous pouvez très bien mettre en œuvre seul l'équation du miracle. Mais nombre de personnes sont très enthousiastes au début, puis leur passion s'étiole en chemin.

Le fait est qu'il n'est pas facile de rester investi dans une durée nécessaire pour obtenir un résultat d'envergure. Si c'était le cas, tout le monde y parviendrait sans coup férir et ce livre n'aurait aucune utilité. Mais l'autodiscipline n'est pas très fréquente. Si nous pouvions tous nous débrouiller seuls, tout le monde atteindrait systématiquement ses objectifs. Je sais que nous l'avons déjà évoqué au chapitre 6, mais une piqûre de rappel ne fera pas de mal : l'un des meilleurs moyens de mener votre mission à bien est d'établir un processus de responsabilisation. Ainsi, vous demeurerez sincère et cela vous permettra de poursuivre.

La responsabilisation, c'est le fait d'être responsable envers quelqu'un ou quelque chose ou d'assumer la responsabilité d'une action ou d'un résultat. Elle se présente sous différentes formes et avec une ampleur variable. Certaines personnes sont plus efficaces lorsqu'une date limite leur est imposée. D'autres réagissent mieux quand il leur faut éviter des conséquences négatives, d'autres encore sont plus performantes lorsque des récompenses leur sont promises. Il est important que vous sachiez ce qui vous motive le plus, de façon à respecter ce schéma. Souvent, il est essentiel de demander à quelqu'un d'être votre partenaire de responsabilisation, en sachant que la responsabilisation mutuelle est la configuration idéale.

Ce n'est pas parce que vous demandez à quelqu'un de vous aider à atteindre vos objectifs que vous êtes faible ou inefficace. C'est un signe d'intelligence. Montrez-moi le P-DG d'une entreprise classée au Fortune 500 qui ne bénéficie pas d'un degré extraordinaire de responsabilisation. Il ou elle doit répondre de ses actes aux actionnaires, aux membres de son équipe, au conseil de direction de l'entreprise et souvent à un coach exécutif. Demander à quelqu'un (ou à un groupe de personnes) de vous tenir pour responsable permet d'ancrer votre engagement. Réfléchissez-y deux secondes : n'est-il pas plus facile de vous rendre à la salle de sport lorsqu'un coach vous y attend ? N'est-il pas plus facile d'effectuer une course longue distance lorsque vous courez avec un ami ? Quel que soit votre objectif, vous pouvez trouver un partenaire de responsabilisation, demander à un mentor de vérifier votre progression, monter votre propre équipe de responsabilisation (il n'y a pas de meilleure façon de vous responsabiliser pour l'exécution d'une tâche que lorsque vous incitez les autres à en faire autant) ou engager un coach qui vous aidera dans votre entreprise. Cependant, n'oubliez pas que pour tirer le meilleur parti de votre personne ressource en matière de responsabilisation, elle devra être ferme, cohérente, se soucier de vous et de votre réussite.

ÉTAPE 5 : évaluer les résultats et adapter le processus en conséquence

Lorsque vous menez votre processus à terme, il est important que vous prêtiez attention à la qualité de vos résultats. Si, au bout de deux mois, la situation n'a pas évolué, vous devrez peut-être réévaluer votre régime alimentaire ou votre programme d'exercice physique. Si vous êtes loin d'atteindre votre objectif commercial, il faudra peut-être faire plus de prospection ou effectuer une campagne de marketing. Si vous n'avez pas écrit la moindre ligne du livre que vous envisagez de publier, reprenez votre agenda et voyez si vous pouvez déplacer votre créneau horaire d'écriture.

Je vous conseille de faire un point chaque semaine ou chaque mois pour voir s'il ne faut pas modifier légèrement votre processus, sur la base des résultats obtenus jusqu'ici. Le but est toujours de rendre votre processus aussi clair et simple que possible afin de pouvoir mener les choses à leur terme. Si un obstacle vous empêche d'y parvenir, ces bilans sont le moment idéal pour procéder à des changements.

Votre miracle s'est produit. Et maintenant ?

Rappelez-vous : l'équation du miracle ne consiste pas à atteindre un miracle, puis à revenir à la situation antérieure. Nous souhaitons rejoindre les rangs des experts qui génèrent en permanence des miracles tangibles et mesurables dans tous les domaines de la vie. Plus vous enchaînez les succès, plus il est impératif de mettre la barre haut et de faire évoluer vos objectifs.

Servez-vous des enseignements tirés pour vous propulser vers votre prochaine mission. Comme indiqué précédemment, je me suis fixé comme mission de passer plus de temps avec ma famille. Une fois cette mission sur pilote automatique, j'ai entrepris de vivre mon existence en étant définitivement libéré du cancer. Une fois cette mission sur pilote automatique, j'ai porté mon attention sur la mission d'écrire de ce livre. Chaque mission dans laquelle vous vous engagez développe un peu plus vos talents d'expert en miracles, de sorte qu'aucun miracle ne peut rester hors de votre portée.

Votre processus en action

Mon musicien préféré est Jeremy Reisig, connu sous le nom de Brotha James. Il a un talent exceptionnel et ses chansons traduisent un optimisme immense. Sa musique est faite pour que vous vous sentiez bien. C'est en fait le seul musicien que je connaisse qui associe des affirmations positives à une musique entraînante, de sorte que chaque parole que vous entendez programme votre subconscient pour le succès et pour une vie plus heureuse.

Au début de sa carrière de musicien, Jeremy a fait des tournées avec un groupe de funk. Il jouait de plusieurs instruments et rappait, mais il tenait également à jouer le rôle de choriste. À maintes reprises, les membres du groupe ont refusé qu'il chante parce qu'ils estimaient que sa voix n'était pas suffisamment bonne.

Par conséquent, en 2013, après quatre années au sein de ce groupe, il a décidé d'apprendre à chanter et à écrire des chansons. Il souhaitait vraiment réaliser son rêve de devenir chanteur principal d'un groupe. Il a demandé à plusieurs personnes de se joindre à lui pour former le groupe, mais elles estimaient elles aussi qu'il n'avait pas suffisamment de voix. Aïe !

Animé d'un engagement infaillible dans la concrétisation de son rêve, il a commencé à prendre des cours de chant avec deux professeurs. Il faisait des gammes presque tous les jours pendant quinze à trente minutes, croyant dur comme fer qu'un jour, il atteindrait son objectif. Gardez bien à l'esprit que son effort extraordinaire consistait simplement à s'exercer chaque jour pendant quinze à trente minutes. Cela paraît plutôt banal. Ce qu'il y a d'extraordinaire, c'est qu'il a conservé son engagement et sa constance dans la durée, jusqu'à ce qu'il donne son premier concert en mars 2014. Ses efforts ont réellement porté leurs fruits lorsqu'il a donné un concert *rémunéré,* en 2015.

Aujourd'hui, Brotha James parcourt le pays en réalisant chaque jour son rêve, celui d'être un musicien inspirant. Il continue à prendre des cours et respecte son engagement de s'exercer pendant quinze à trente minutes, cinq jours par semaine. Comme il le dit, « répéter des petits pas encore et encore vous fait aller loin ». Son engagement envers le processus mis en place continue de payer. Sa voix est passée de mauvaise, à bonne, puis à excellente. Il est régulièrement comparé au célèbre chanteur Jason Mraz. Jeremy continue de s'améliorer et fait découvrir sa musique à de plus en plus de personnes. L'an dernier, il s'est produit à cent cinquante reprises. Cela illustre à merveille qu'en s'engageant dans un processus long, on rend le succès inévitable.

Comment éviter la procrastination

Mes clients et lecteurs me posent souvent la question suivante : « Comment me motiver pour faire ce que je sais devoir faire ? » Leur ton exprime généralement une frustration ou une impuissance sous-jacente.

Depuis que nous sommes petits, répondre aux obligations n'a jamais été facile. Nous avons beau savoir que manger plus de légumes garde en meilleure santé, qu'il est prudent de ne pas vivre au-dessus de ses moyens et que ralentir le rythme de la journée et se reposer l'esprit diminuent le stress, nous traînons souvent des pieds et faisons tout simplement peu de cas de ces suggestions. Quand il s'agit de poursuivre un objectif important, nous devons trouver un moyen de résister à la tentation de procrastiner, car ceux qui n'agissent que selon leurs envies… ne font pas grand-chose.

La procrastination devient un mode de vie, et nous avons donc pris l'habitude de reporter au lendemain les activités désagréables, celles dont il n'est pas prouvé qu'elles sont efficaces ou celles qui présentent une part d'inconnu. Il s'agit précisément des activités nécessaires pour faire évoluer notre situation. Par conséquent, comment nous mettre à faire les choses que nous savons devoir faire, même lorsque nous n'en avons pas envie ? En comprenant la cause fondamentale de la procrastination, puis en agissant pour s'en débarrasser. Je suis certain que vous pouvez citer toutes sortes de raisons pour lesquelles vous estimez être un procrastinateur, mais il n'en existe vraiment qu'une seule : *vous associez un certain degré de peine, de peur ou d'inconfort à l'activité source de procrastination.* C'est tout.

Pour maîtriser cette tendance à procrastiner, sachez que cette peine, cette peur et cet inconfort sont imaginaires. Ils n'existent que dans votre tête. Et tous ces sentiments n'avancent à rien lorsque vous êtes en train d'exécuter une tâche. Certes, le fait de penser à l'exécution de ces tâches que vous percevez comme pénibles, effrayantes ou désagréables peut faire peur. Plus vous y pensez, plus vous procrastinez. Mais quand vous êtes au cœur de l'action ? Faire ce à quoi vous avez pensé – la chose que vous savez être contraint de faire – est libérateur. Cela vous libère de votre peur et ne se révèle presque jamais aussi pénible que vous l'aviez imaginé. Très vite, ce que vous jugiez désagréable se retrouve gentiment lové à l'intérieur de votre zone de confort.

En conséquence, pour trouver la motivation nécessaire pour exécuter les tâches habituellement source de procrastination, vous devez vous *mettre en mouvement.* Il faut faire le premier pas, et ce pas, ce mouvement, donnera naissance à la motivation nécessaire pour que l'élan perdure. Mais c'est à vous de faire le premier pas.

Si aller à la salle de sport est source de procrastination, faites votre sac et sautez dans votre voiture à l'heure prévue pour votre séance d'exercice physique. Ne réfléchissez pas, asseyez-vous tout simplement dans la voiture.

Rien qu'en faisant ce premier pas vers la salle de sport (dont vous avez payé la cotisation), il y a toutes les chances pour que vous y alliez. Et lorsque vous y arriverez, je parie que vous afficherez la motivation nécessaire pour attraper votre sac et entrer dans l'établissement d'un pas décidé – vous serez tout du moins plus motivé que lorsque vous étiez chez vous, assis sur votre canapé à vous imaginer quitter la maison pour aller faire votre séance. Une fois à l'intérieur du club, lorsque vous entendrez la musique et verrez tous ces gens soulevant de la fonte et courant sur des tapis de course, je me risque volontiers à dire que vous allez les rejoindre. Et quand ce sera fait, vous vous sentirez fier de vous. Vous prendrez conscience que le choix de procrastiner est précisément… un choix, que vous ne devrez plus accepter maintenant que vous en avez clairement identifié la cause.

Vaincre la procrastination consiste simplement à faire ce premier pas, en apparence sans importance, vers ce que vous devez accomplir pour atteindre vos objectifs. Une fois en mouvement, vous avez déjà vaincu la procrastination. Il s'agit ensuite de poursuivre le mouvement dans la même direction. Faites-le chaque jour grâce au processus mis en place et, très vite, votre seul rapport à la procrastination sera d'essayer de vous souvenir de ce qu'elle provoquait en vous.

*

Vous voyez, je vous avais bien dit que cet effort extraordinaire n'était pas si incroyable. Il suffit d'insérer dans votre emploi du temps un processus simple et reproductible, d'afficher une bonne dose de détachement émotionnel (de considérer paisiblement vos résultats quotidiens, quelle que soit leur nature), de vous responsabiliser et de procéder à de légères modifications en cours de route. Votre processus peut afficher la simplicité ou la complexité nécessaire. Souvenez-vous de ce qu'a pu accomplir Brotha James avec sa voix à raison de seulement quinze à trente minutes d'exercice par jour. J'ai obtenu mon premier revenu annuel à six chiffres en passant quarante appels téléphoniques par jour, ce qui ne me prenait que deux heures. Vous ne me croirez peut-être pas, mais il se peut que vous ayez très vite hâte de suivre votre processus chaque jour. Vous rapprocher de cet immense objectif qui vous faisait peur deviendra amusant une fois que vous saurez comment l'aborder.

Maintenant que vous connaissez les différentes phases d'application de l'équation du miracle, le chapitre suivant va vous montrer comment répéter ce processus afin d'accomplir encore et encore des miracles dans tous les domaines de votre vie.

Chapitre 9

QUAND LES MIRACLES DEVIENNENT UNE HABITUDE

Obtenir encore et encore des résultats extraordinaires

Les miracles ne se produisent que si vous y croyez.

PAULO COELHO

C'est très excitant de pouvoir créer des miracles tangibles et mesurables. Qui ne serait pas transporté à l'idée d'avoir les clés pour se forger une vie de rêve ? Vous souhaitez peut-être la sécurité financière ou la liberté. Vous êtes peut-être prêt pour une relation amoureuse particulière ou pour améliorer celle que vous vivez actuellement. Vous êtes peut-être en quête d'un travail sérieux qui soit aussi une source d'épanouissement. Vous aimeriez peut-être être en meilleure santé, plus en forme et avoir plus d'énergie, à moins que vous vouliez simplement être heureux. Cela dit, être enthousiaste à l'idée d'améliorer ainsi son existence est très différent de rendre cette éventualité inévitable.

Si votre but ultime est de développer et d'incarner les qualités d'un expert en miracles afin de pouvoir conserver vos capacités à créer des miracles sur commande, vous devez penser et agir comme tel, et cela *la plupart du temps.*

Il vous faut remplacer un mode de pensée régi par la peur par un autre reposant sur la foi. Vous devez être disposé à faire disparaître vos limites héritées du passé et vous considérer comme quelqu'un de méritant et capable de créer tout ce qu'il souhaite comme n'importe quel être vivant sur cette planète. Je sais que nous avons déjà mentionné cette idée à plusieurs reprises dans ce livre (peut-être même assez souvent), mais je vais maintenant vous aider à vous comporter ainsi sur les plans intellectuel *et* émotionnel afin que vous puissiez à la fois constater et ressentir cette version améliorée de vous-même. Il vous sera ainsi bien plus facile de vivre conformément à la personne que vous vous êtes engagé à devenir et à l'avenir que vous vous êtes engagé à créer.

Earl Nightingale, connu pour ses enregistrements audio et ses livres inspirants a dit : « Nous devenons ce que nous pensons ». Bouddha a déclaré : « Nous sommes ce que nous pensons. Tout ce que nous sommes résulte de nos pensées. Avec nos pensées, nous bâtissons notre monde. » Et je vous ai déjà rappelé que c'est en effet notre état d'esprit qui façonne à la fois notre identité et notre réalité. Combien de temps devez-vous consacrer à la conception stratégique de votre état d'esprit ? Dans ce chapitre, nous allons nous exercer à reprogrammer votre esprit avec des pensées et des comportements qui vous permettront d'évoluer en mode expert en miracles. Il existe heureusement un exercice particulier qui fonctionne à merveille.

L'exercice pour mettre en œuvre l'équation du miracle

Dans mon livre *Miracle Morning,* j'ai présenté un cadre appelé *Life SAVERS.* L'acronyme SAVERS (qui est aussi un terme signifiant « sauveurs », « libérateurs ») représente six des exercices de développement personnel les plus intemporels, universellement applicables et scientifiquement étayés, de l'histoire de l'humanité (dont aucun n'est de mon invention) : Silence, Affirmations, Visualisation, Exercice physique, Reading (lecture) et Scribing (écriture). Je vous recommande de les effectuer chaque jour, de préférence le matin au lever, afin d'optimiser votre état d'esprit et votre concentration tout au long de la journée.

Chacun de ces six exercices a un pouvoir de transformation à lui seul. On me demande souvent au cours d'interviews si j'ai un exercice préféré. J'imagine qu'une réponse politiquement correcte serait probablement du style : « Bien sûr que non ; ils sont d'une importance égale ». Mais entre nous, je choisirai toujours d'être transparent (souvent à l'excès) au détriment du politiquement correct.

Alors oui, j'ai bien un exercice favori, sur la base de ce qui s'est révélé le plus efficace pour moi. L'exercice de développement personnel de transformation que je préfère est indéniablement le « A » de SAVERS : les affirmations. Mais (et ce n'est pas un petit *mais*) pas de la manière dont vous pourriez le penser.

Les affirmations, voyez-vous, ont tendance à avoir mauvaise réputation. On les considère souvent au mieux comme inefficaces et au pire comme ringardes. On les met un peu dans le même panier que le tableau de visualisation. Si vous vous contentez de coller des photos au mur et de rester là à attendre que votre situation change comme par magie, eh bien, cela ne se produira probablement jamais. De même, vous ne pouvez pas vous contenter de vous convaincre avec des mots que vous allez devenir une nouvelle personne pour le devenir. Vous le pouvez, mais pas de la manière dont essaient de vous le dire nombre de gourous du développement personnel.

Lorsque j'étais jeune, je faisais partie de ces gens qui considéraient que se répéter des affirmations positives était ringard *et* inefficace. J'estimais qu'il s'agissait de déclarations de bien-être absolument pas ancrées dans la réalité et qui permettaient seulement de se sentir mieux sur le moment. Les personnes comme moi, axées sur les résultats et saines d'esprit, ne s'embêtaient pas à réciter des énoncés de bonne humeur pour uniquement masquer leur insécurité. Je ne croyais absolument pas qu'ils puissent donner des résultats.

Lorsque j'ai dépassé l'âge de 20 ans et que j'ai commencé à étudier le développement personnel, on m'a de nouveau parlé de ce genre d'affirmations comme d'un outil légitime de transformation en m'assurant que je parviendrai à changer mon existence rien qu'en prononçant encore et encore certaines phrases jusqu'à ce que je croie en elles. Pour quelqu'un qui avait grandi en étant persuadé d'être paresseux et qui agissait en conséquence, cela apportait de l'eau à mon moulin. *Inutile d'en faire trop,* pensais-je. Ça m'allait vraiment bien.

Mais il ne m'a pas fallu longtemps pour rencontrer, avec mes affirmations, l'obstacle auquel sont confrontés la plupart des gens, à savoir que rien ne se produit lorsqu'on utilise le format couramment préconisé par les pionniers du développement personnel. Cette vie merveilleuse dont je n'arrêtais pas de parler ne se dessinait pas. Le fait de répéter sans cesse « Je suis millionnaire » ne mettait pas un dollar de plus sur mon compte bancaire. En réalité, dire « Je suis » pour affirmer une chose que je n'étais pas me donnait l'impression de manquer d'authenticité.

Puis, un jour, j'ai eu une révélation. J'ai vu que le problème n'était pas dans la méthode proprement dite, mais que les affirmations étaient tout simplement mal comprises, mal enseignées et mal utilisées. J'ai fini par ramener le nombre de ces défauts à deux, ce qui m'a permis de changer radicalement mon approche et de concevoir des affirmations pratiques et applicables qui produisaient systématiquement des résultats tangibles et mesurables.

Dans les pages suivantes, je vous donne une formule étape par étape pour créer des affirmations de l'équation du miracle ancrées dans la réalité et conçues pour accélérer l'utilisation de cette équation. Mais auparavant, prenons un moment pour explorer ces deux défauts et les problèmes qu'ils génèrent.

1. Vous ne vous sentez pas authentiques avec de fausses affirmations

Nous souhaitons tous améliorer un domaine de notre vie ou même toute notre existence. Nous voulons de l'argent, de l'amour, un corps en bonne santé et peut-être même ajouter une vingt-cinquième heure à la journée. Nous pouvons obtenir (presque !) toutes ces choses grâce à une foi inébranlable et un effort extraordinaire. Mais c'est impossible si nous nous mentons à nous-mêmes. Et c'est pourtant l'approche employée par nombre de pionniers du développement personnel.

On nous a dit de répéter des expressions telles que :

Je connais la réussite.
J'attire l'argent.
J'ai un physique parfait.
Je vis une relation amoureuse heureuse et pleine d'attention.

Si ces affirmations sont fausses, vous le savez bien au fond de vous. Et en les répétant, vous vous mentez à vous-même. Votre subconscient résiste à ces mensonges, ce qui produit alors un conflit intérieur de plus (comme s'il fallait en ajouter un autre) qui risque de vous faire sentir émotionnellement plus mal qu'avant. En fait, une étude de 2009, publiée dans *Psychological Science,* a révélé que les personnes n'ayant pas une bonne estime de soi se sentaient plus mal après avoir répété une affirmation telle que « Je suis une personne qui mérite d'être aimée[15] ». Réfléchissez : si vous croyez (que ce soit vrai ou non) *ne pas mériter* d'être aimé, le simple fait d'énoncer encore et

15 Joanne V. Wood, W. Q. Elaine Perunovic et John W. Lee, « Positive Self Statements: Power for Some, Peril for Others », *Psychological Science* 20, n° 7 (2009) : p. 860-866, doi.org/10.1111/j.1467-9280.2009.02370.x.

encore cette phrase ne fera que mettre une étiquette de « menteur » sur votre image intérieure déjà négative.

Ce type d'affirmations a le pouvoir de réduire peu à peu la confiance en soi, ce qui est contre-productif au regard de votre objectif qui est d'endosser une nouvelle identité d'expert en miracles. Bien que ce genre d'énoncés insipides puisse apaiser le stress et l'anxiété sur le moment, il vous empêche d'atteindre votre but. La vérité – votre vérité – prévaudra toujours.

2. Le langage passif dissuade de passer à l'action

L'un des plus grands obstacles rencontrés par les gens lorsqu'ils souhaitent améliorer leur vie est incarné par la question : *que dois-je faire en premier (ou après) ?* Ils se paralysent, car ils ne savent pas quelle séquence de mesures mettre en place. L'immobilisme les gagne alors, jusqu'à ce qu'ils finissent par abandonner. La plupart des affirmations utilisées confortent ce manque d'action, car elles s'appuient sur un langage passif. Elles dissimulent l'obligation d'agir. Tout comme un tableau de visualisation magique accroché au mur, elles impliquent que vous attiriez le fruit de vos désirs sans rien faire.

L'argent vous tombera dans les mains. L'amour de votre vie vous attend dehors. Ce serait génial, n'est-ce pas ? Nous serions tous capables de créer des miracles en restant tranquillement assis dans notre fauteuil. Je signe tout de suite ! Mais ce n'est pas ainsi que fonctionne la vie. Les arbres à billets ne poussent pas dans votre jardin. Et je ne sais pas pour vous, mais si un inconnu rôdait devant ma porte d'entrée, j'appellerais les flics (après m'être assuré qu'il ne s'agissait pas d'une livraison, bien entendu). Ces affirmations sont également des mensonges. Nous devons bien faire quelque chose de particulier pour atteindre nos objectifs. N'oubliez pas, tout résultat souhaité est précédé d'un processus. À vous de le définir et de le mettre en œuvre. Affirmez-le ensuite et votre destination sera toute tracée.

Avant de passer à la section suivante et d'apprendre à construire une affirmation efficace, voici quelques-unes de mes citations préférées qui expriment et renforcent les bienfaits des affirmations.

> C'est la répétition d'affirmations qui mène à la croyance. Une fois cette croyance transformée en conviction profonde, il commence à se produire quelque chose.
>
> Mohamed Ali

> Toute pensée qui chemine dans le subconscient assez souvent et de manière suffisamment convaincante finit par être acceptée.
>
> Robert Collier, auteur et éditeur d'ouvrages de développement personnel

> Les affirmations sont des énoncés qui dépassent la réalité du présent pour s'inscrire dans la création du

futur, par le biais des mots que vous employez dans l'instant présent.

Louise L. Hay, auteure, éditrice
et fondatrice de Hay House

Vous devez d'abord gagner dans votre esprit avant de gagner dans la vie.

John Addison,
conférencier et auteur sur le leadership

Cinq étapes pour créer et utiliser vos affirmations de l'équation du miracle

Comme vous le savez maintenant, il est important que vos affirmations soient authentiques et expriment clairement les mesures spécifiques à prendre pour générer le miracle que vous êtes prêt à accomplir. Si vous préparez votre cerveau à une nouvelle réalité, vous devrez également le préparer aux actions à mener dans ce nouveau contexte.

Les affirmations en action

Miranda Mart, membre de la communauté Miracle Morning sur Facebook, est un excellent exemple de la manière dont les affirmations peuvent bouleverser la vie.

On a présenté le livre *Miracle Morning* à Miranda il y a trois ans. Elle venait tout juste de divorcer et se retrouvait à élever seule deux jeunes enfants. Elle démarrait également une nouvelle carrière, rémunérée exclusivement à la commission, et souhaitait monter une agence dans un secteur dans lequel elle n'avait absolument aucune expérience. Elle était dépressive, souffrait d'un trouble d'anxiété sociale et avait plus de 150 000 dollars de factures à régler. La vie lui paraissait une succession d'obstacles insurmontables.

Elle a fait de son rituel Miracle Morning sa priorité numéro 1. Elle relit le livre tous les trois mois et prononce ses affirmations, effectue ses visualisations et écrit chaque jour. Elle a classé ses affirmations en trois catégories et constaté que plus elle excellait dans l'utilisation de ces affirmations, plus elle arrivait à contrôler ses pensées. Elle n'était plus dominée par ses vieux démons.

Grâce à une pratique quotidienne, elle a fini par devenir la salariée féminine la plus performante de toute son entreprise, qui comptait plus de mille commerciaux. Puis elle a ouvert son agence. Mais elle n'en avait pas fini avec sa pratique. Elle a continué à déclamer ses affirmations et elle a, depuis, ouvert six agences, quadruplé ses revenus et décroché le tout premier niveau de contrat au sein de son entreprise. Elle attribue son extraordinaire succès au Miracle Morning et plus particulièrement à ses affirmations.

Gardez à l'esprit qu'il est important que vos affirmations n'aillent pas à l'encontre de votre système de valeurs. Elles doivent évoluer, être en phase avec celui-ci et le développer tout en vous permettant de vaincre vos peurs. Votre souhait est d'ouvrir en douceur votre esprit à de nouvelles possibilités afin que votre cerveau adhère à ces affirmations. Pour cela, il vous faut faire preuve de logique, sur une base authentique, et l'associer à votre processus afin d'obtenir des résultats tangibles.

Les affirmations de votre équation du miracle vous permettent d'accéder à une version de vous-même améliorée en déterminant, en exprimant et en renforçant les croyances et les comportements conformes à votre statut d'expert en miracles. Elles sont conçues pour imprimer activement dans votre subconscient une foi inébranlable tout en incitant votre conscience à fournir l'effort nécessaire pour produire des résultats tangibles et mesurables.

En bref, les affirmations de l'équation du miracle vont avoir deux effets :

- améliorer et reprogrammer votre **subconscient** en réduisant au minimum, ou en éliminant, tout conflit intérieur qui pourrait vous freiner et en insufflant la précieuse foi inébranlable pour accomplir l'action de votre choix ;
- orienter votre **conscience** vers les activités que vous jugez les plus essentielles et pérenniser l'effort extra-

> ordinaire pour faire passer vos objectifs prioritaires du stade du possible à celui du probable, puis à celui de l'inévitable.

Entrons maintenant dans les détails du processus que vous emploierez pour créer et utiliser des affirmations de l'équation du miracle. Elles doivent être pratiques et axées sur les résultats qui prépareront votre esprit à l'accomplissement de miracles tangibles et mesurables.

ÉTAPE 1 : commencez par votre mantra du miracle.

Souvenez-vous qu'au chapitre 7, vous avez eu l'occasion de créer votre mantra du miracle, soit une seule phrase qui englobe votre engagement à mener à bien votre mission et à fournir un effort extraordinaire – dans la durée – jusqu'à ce que votre miracle devienne réalité.

Votre mantra du miracle demeure un outil essentiel pour mettre en œuvre et entretenir l'équation du miracle. Il est également important de l'intégrer à vos affirmations. Plus vous vous répétez une chose, plus elle s'ancre profondément en vous.

> **ACTION :** prenez votre journal de bord ou votre smartphone, ou ouvrez votre traitement de texte préféré et commencez par écrire votre mantra du miracle.

EXEMPLE : *je m'engage à conserver une foi inébranlable en ma capacité à (insérer votre mission révélée au chapitre 6) et à fournir un effort extraordinaire jusqu'à ce que j'y parvienne, quoi qu'il advienne... il n'y a pas d'autre option.*

ÉTAPE 2 : expliquez pourquoi votre mission est réellement importante.

Ne l'oubliez pas, votre mission n'a pas besoin de bouleverser le monde, même si elle peut assurément le faire. À vous de choisir l'ampleur et le degré de simplicité ou de complexité qui vous convient. L'essentiel est que cette mission soit importante à vos yeux. C'est sa signification – votre pourquoi – qui vous servira de moteur. Voilà pourquoi il est fondamental de vous la remémorer chaque jour, ce qui peut se faire au moment où vous répétez vos affirmations.

Le chaînon manquant entre vouloir quelque chose et l'obtenir est souvent lié au sens de votre mission. Ce « pourquoi » est donc extrêmement important, le verbaliser vous aidera. Comme le dit mon excellent ami Jon Vroman, « lorsque le pourquoi a du cœur, le comment a des jambes ». Nous nous fixons des objectifs car nous souhaitons obtenir ou améliorer quelque chose, mais dès la moindre difficulté, c'est sur le sens ou l'absence de sens de notre action que nous devons nous appuyer. Si le « pourquoi » de notre démarche est faible, ou pire, si nous n'avons pas clairement en tête la raison pour laquelle nous poursuivons cet objectif, nous pourrons alors abandonner. Si, en revanche, ce motif est très important – s'il n'y a rien de plus essentiel à nos yeux –, nous venons à bout de n'importe quelle difficulté et faisons le nécessaire pour atteindre notre objectif, quoi qu'il advienne... il n'y a pas d'autre option.

> **ACTION :** décrivez pourquoi votre mission est extrêmement importante pour *vous.* Le sens profond de votre démarche est la raison pour laquelle vous vous êtes investi dans votre mission et ce pourquoi vous vous engagez à le rester *jusqu'à* son accomplissement. Votre « pourquoi » est lié au bénéfice que vous allez récolter de la poursuite de votre mission. Il peut s'agir du bénéfice intangible de devenir une nouvelle personne ou d'un bénéfice plus concret, tel qu'une récompense pécuniaire, la réparation d'une relation brisée ou la perte de kilos superflus.
>
> **MODÈLE :** *je suis engagé dans ma mission parce que (insérer votre motif le plus profond et le plus important – le ou les bénéfices les plus importants que vous tirerez du fait de poursuivre et/ou d'atteindre votre mission).*

ÉTAPE 3 : renforcez votre effort extraordinaire et rendez l'accomplissement de votre mission inévitable en vous engageant à exécuter votre processus (sans être émotionnellement attaché aux résultats obtenus).

Cette étape vous aide à atténuer l'anxiété, très fréquente à propos de cette question : *comment vais-je bien pouvoir faire pour accomplir ça ?* Elle apporte la logique dont votre cerveau a besoin pour être sûr que votre objectif est atteignable et elle définit votre attente en vue de l'effort extraordinaire à fournir. Considérez cette étape comme une passerelle menant du désir à la concrétisation.

> **ACTION :** notez votre processus, c'est-à-dire la ou les principales actions que vous jugez nécessaires pour mener à bien votre mission, et veillez à établir le moment où vous serez engagé dans la mise en œuvre de ces actions. Faites en sorte que tout soit aussi clair et concis que possible. L'idéal est de mener une seule action à la fois, avec constance, pour ne pas vous retrouver submergé. Notez bien la fréquence et le créneau d'exécution quotidien de votre processus.
>
> **MODÈLE :** *pour veiller à ce que l'accomplissement de ma mission soit inévitable, je resterai engagé dans l'exécution de mon processus consistant à* __________

[insérer votre processus] ___________ [dates et heures] sans être émotionnellement attaché à mes résultats.

ÉTAPE 4 : définissez votre conception éclairée du mérite.

N'oubliez pas que les experts en miracles sont sûrs de pouvoir obtenir tout ce qu'ils souhaitent, d'aller au bout de leur engagement et de mériter tout ce qu'ils cherchent à obtenir. Le développement des qualités d'un expert en miracles inclut le sentiment de mériter ce que l'on recherche, sentiment qui alimente votre foi inébranlable et ensuite votre effort extraordinaire. Les affirmations de votre équation du miracle vous aideront d'abord à définir et à renforcer votre conception éclairée du mérite afin que vous puissiez éprouver ce sentiment de mériter tout ce que vous souhaitez.

ACTION : souvenez-vous de la vérité universelle selon laquelle vous méritez et êtes tout aussi capable que n'importe quelle autre personne sur terre d'obtenir tout ce que vous souhaitez (et avez pris l'engagement d'accomplir).

MODÈLE : *je reste engagé dans l'accomplissement de ma mission et je tiens à vivre chaque jour dans la peau d'un expert en miracles, car je sais que je mérite et suis tout aussi capable que n'importe quelle autre personne* *sur terre de créer des miracles tangibles et mesurables et d'obtenir tout ce que je souhaite.*

Vous pouvez copier ou modifier cet énoncé à votre guise. Gardez à l'esprit que nous réagissons différemment aux mots et aux expressions en fonction de ce qui nous parle. Il est donc important de veiller au langage employé, qui doit vous stimuler et être en phase avec votre personnalité. Et il en va de même pour chacune des étapes listées. Par exemple, s'il vous semble bizarre de vous considérer comme un expert en miracles, pas de problème (endosser un autre costume est toujours étrange au départ). Vous pouvez remplacer cette phrase par la suivante : « Je m'engage à vivre chaque jour en affichant la meilleure version de moi-même. » Vous pouvez également remplacer « tout ce que je souhaite » par « la vie dont je rêve » ou remplacer « miracle » par « résultats ». Encore une fois, employez le langage qui vous convient.

ÉTAPE 5 : récitez chaque jour sans exception vos affirmations de l'équation du miracle (avec émotion).

Beaucoup de gens peinent à s'impliquer dans cette étape, qui, sans aucun doute, est pourtant la plus importante. Ils passent du temps à concevoir des affirmations avec des mots qui reflètent une version améliorée de leur personnalité, évoquent leur mission et leur processus, mais ils ne s'y tiennent pas – tout comme on ne respecte pas un régime que l'on a pourtant décidé ou on ne suit pas les résolutions prises pour la nouvelle année. C'est dans la nature humaine. Une fois que s'estompe l'enthousiasme initial ou la « nouveauté », nous sommes tentés de porter notre attention sur autre chose de plus nouveau et de plus stimulant. Le plus souvent, cela conduit à notre perte.

La clé pour créer des miracles, c'est la constance. Vous devez rester impliqué le temps nécessaire. Et il n'existe pas de moyen plus facile d'entamer ce parcours que de vous engager à réciter chaque jour vos affirmations de l'équation du miracle. Pour aller encore plus loin, il est également judicieux de ne pas réciter vos affirmations machinalement. Cela aidera votre cerveau à caler votre humeur sur l'état d'esprit souhaité. Ainsi, vous ne vous mentirez pas à vous-même. Vous montrerez simplement à votre cerveau ce que vous souhaitez éprouver plus souvent. Vous devez « cerner » complètement la situation.

Bien que nous puissions cerner une chose sur le *plan intellectuel,* nous ne l'intégrons réellement que lorsque nous l'avons aussi éprouvée *émotionnellement.* Il s'agit de passer de la compréhension, ou de la logique, au *ressenti* de l'émotion. Par exemple, lorsque notre partenaire (ou notre épouse) se plaint d'une chose qui la tourmente (je parle en tant qu'homme), si nous entendons son propos et le comprenons d'un point de vue intellectuel, nous ne l'intégrons pas toujours. Si elle se met à pleurer et que vous pouvez voir, entendre et même ressentir sa peine, vous la « comprenez » sur un plan émotionnel.

Veillez donc, lorsque vous récitez vos affirmations, à ressentir l'aspect authentique de votre propos. Lorsque vous affirmez votre engagement à vivre chaque jour comme un expert en miracles, en affichant une foi inébranlable et en fournissant un effort extraordinaire, inspirez profondément et sentez cette nouvelle identité s'infiltrer en vous. Pensez toujours à ce que votre affirmation donne sur les plans visuel, auditif et émotionnel. Cela vous aidera à vivre cette nouvelle identité aussi bien intellectuellement qu'émotionnellement.

> **ACTION :** la constance est la clé de l'équation du miracle et cela implique d'abord de réciter vos affirmations chaque jour afin d'entretenir et de développer un état d'esprit sans limites, tout en restant focalisé sur votre processus. L'idéal à mes yeux est de les réciter chaque jour à la même heure. Par exemple, le soir avant de vous coucher, le matin après le brossage des dents ou au cours de votre Miracle Morning, lorsque vous exécutez votre exercice de développement personnel en début de journée. La récitation de ces affirmations doit tout simplement s'intégrer à votre rituel quotidien. N'oubliez pas que vos propos doivent

être authentiques et que vous devez le ressentir. Le mieux est que ce ressenti vous imprègne le plus longtemps possible. Personnellement, juste après avoir récité mes affirmations, j'aime méditer et utiliser ce moment pour absorber totalement l'état d'esprit et les émotions créés. C'est un bon moyen de renforcer l'impact des affirmations sur sa vie.

Ressource téléchargeable : pour télécharger un exemple d'affirmations englobant toutes ces étapes, allez sur www.tmebonuses.com (site en anglais).

Les affirmations de l'équation du miracle

1. Je m'engage à conserver une foi inébranlable en ma capacité à (insérer votre mission révélée au chapitre 6) et à fournir un effort extraordinaire jusqu'à ce que j'y parvienne, quoi qu'il advienne… il n'y a pas d'autre option.

2. Je suis engagé dans ma mission parce que [insérer la raison profonde – le ou les bénéfices les plus importants que vous tirerez de la poursuite et/ou du but de votre mission].

3. Pour être sûr que l'accomplissement de ma mission soit inévitable, je resterai investi dans l'exécution de mon processus de __________ [insérer votre processus] __________ [dates et heures] sans être émotionnellement attaché à mes résultats.

4. Je m'engage dans l'accomplissement de ma mission et à vivre chaque jour dans la peau d'un expert en miracles, car je sais que je mérite et que je suis tout aussi capable que n'importe quelle autre personne sur terre de créer des miracles et d'obtenir tout ce que je souhaite.

EXEMPLE PERSONNEL : je vais vous révéler la version actuelle de l'une de mes affirmations de l'équation du miracle. Vous remarquerez que la formulation est légèrement différente de l'exemple, car, comme je l'ai mentionné plus haut, il est important d'utiliser un langage qui vous parle. Je suis sans arrêt en train de modifier et d'actualiser mes affirmations, car je continue à apprendre, à évoluer et à avoir de nouvelles perspectives.

1. Je m'engage à conserver une foi inébranlable en ma capacité à ne pas déclarer de cancer et à vivre vieux et en bonne santé (à atteindre l'âge de 100 ans, quand Sophie aura 70 ans et Halsten, 67). Et je continuerai toute ma vie à fournir chaque jour un effort extraordinaire, quoi qu'il advienne… il n'y a pas d'autre option.
2. Je suis engagé dans ma mission, car être en vie pour influer de manière positive sur Sophie et Halsten et partager mon existence avec Ursula est ce qu'il y a de plus important pour moi au monde.

3. Pour m'assurer de vivre en bonne santé au-delà de 100 ans, je resterai engagé dans mon processus de suivi de tous mes protocoles anticancer holistiques (quotidiens), ainsi que de mes traitements allopathiques, afin d'optimiser leurs bienfaits pour ma santé.
4. Je reste engagé dans l'accomplissement de ma mission et tiens à vivre chaque jour dans la peau d'un expert en miracles, car je sais que je mérite et que je suis tout aussi capable que n'importe quelle autre personne sur terre de vivre en bonne santé au-delà de 100 ans aux côtés de ma famille.

Faites évoluer vos affirmations au fil du temps

Modifiez et actualisez vos affirmations, si nécessaire, afin de suivre l'évolution de votre identité et de vos objectifs. Et lorsque vous réussirez à créer des miracles tangibles et mesurables, vous devrez développer de nouvelles affirmations pour de nouveaux objectifs et de nouvelles missions. Avec le temps, la rédaction de ces affirmations deviendra une seconde nature. Avec l'expérience, vous saurez quoi écrire, ce qui vous convient le mieux et comment utiliser vos affirmations pour conserver une foi inébranlable et continuer à fournir un effort extraordinaire dans l'optique d'atteindre chaque nouvel objectif fixé.

Soyons réalistes, nous avons tous beaucoup de reprogrammations à faire. Il nous faut y voir clair sur nos croyances limitantes, et sur les conflits intérieurs installés depuis des années, et il nous faut surmonter nos peurs. Je vous conseille de rédiger des affirmations pour chaque domaine de votre vie, ce qui peut constituer des objectifs spécifiques pour chacun d'eux. Ces affirmations varieront en fonction des éléments sur lesquels vous devez insister à un moment donné. Certains matins, je lis toutes mes affirmations. Mais il m'arrive aussi de privilégier celles qui me paraissent les plus urgentes. Lorsque je travaille sur une mission bien précise, je veille à lire l'affirmation correspondante jusqu'à ce qu'elle soit menée à bien.

Voici une liste de mes principaux thèmes, chacun étant associé à des objectifs :

- Ma santé et ma forme physique (dont rester à l'abri d'un cancer)
- Ma mission et mon but
- Ma femme
- Mes enfants
- La famille élargie
- Les amis
- Mes revenus et ma liberté financière
- Le développement personnel
- La spiritualité
- Ma contribution aux associations caritatives.

Sachez en outre qu'il existe un nombre infini de façons de structurer ou de formuler des affirmations ; j'emploie de nombreuses variantes en fonction des thèmes. La formulation étape par étape que nous venons de détailler est propre à la mise en œuvre de l'équation du miracle. Dans leur forme la plus simple, les affirmations sont simplement des rappels de ce qui est le plus important pour vous. Un rappel peut concerner un objectif important, une action quotidienne, un sentiment qui vous rend plus fort, un état d'esprit fondamental, une valeur, une raison d'être ou tout ce que vous souhaitez garder présent à l'esprit. Je suis certain que vous avez déjà entendu l'adage selon lequel ce sur quoi vous portez votre attention a tendance à prendre de l'ampleur. Les affirmations vous aideront à rester bien concentré sur les domaines essentiels et à les développer.

Par exemple, l'une de mes affirmations dit ceci : « Aujourd'hui, je vais faire quelque chose pour que la vie de ma femme soit magnifique. » Cet énoncé lu chaque matin me rappelle d'être proactif et de faire chaque jour au moins une chose pour le bien-être de ma femme. Il peut s'agir d'une action toute simple comme faire la vaisselle, lui offrir des fleurs, lui dire à quel point je l'aime, la laisser faire la grasse matinée ou la décharger d'une tâche pour que sa journée soit plus calme. Il arrive que la démarche prenne un peu plus d'ampleur, comme planifier des vacances ou lui faire la surprise d'emmener les enfants quelque part afin qu'elle ait une journée pour elle. Quoi qu'il en soit, la lecture quotidienne de mes affirmations me rappelle de prendre une mesure qui améliore l'existence de ma femme. Vous savez ce que l'on dit : « Femme heureuse, vie heureuse. »

Si vos objectifs et votre mission changent avec le temps, votre identité d'expert en miracles doit rester la même. Vous devrez maintenir en permanence une foi inébranlable et fournir un effort extraordinaire, faire preuve de constance pour régler votre conflit intérieur et garder à l'esprit à quel point vous êtes fort, avoir toujours en tête la raison pour laquelle vos objectifs sont si importants à vos yeux. Les affirmations, comme vous venez de le découvrir, vous aideront à accomplir tout cela. Elles ne vous demandent que quelques minutes d'attention bien ciblée chaque jour.

Maintenant que vous savez précisément comment créer et utiliser vos affirmations de l'équation du miracle (veillez à dégager un instant pour les rédiger), le moment est venu d'expérimenter tout ce que vous avez appris jusque-là. Dans le chapitre suivant, je vous invite à participer à votre premier défi de trente jours de l'équation du miracle. Comme avait l'habitude de dire mon premier coach, « C'est l'heure de vérité ! ».

Remarque : si vous avez des questions ou si vous souhaitez de l'aide ou un avis au cours de la phase de rédaction de vos affirmations, n'hésitez pas à poster un message sur le site de la communauté Miracle Morning (www.mytmmcommunity.com – en anglais). Vous y trouverez plus de 150 000 personnes récitant déjà ces types d'affirmations, se soutenant mutuellement et qui seront plus que ravies de vous accompagner.

Chapitre 10

L'ÉQUATION DU MIRACLE, UN DÉFI DE TRENTE JOURS

Le moment est venu d'accomplir
votre première mission

Soyez prêt à être mal à l'aise.
Soyez à l'aise dans le malaise.
Cela peut se révéler difficile, mais c'est un petit prix
à payer pour vivre son rêve.

PETER MCWILLIAMS, ÉCRIVAIN

Imaginez, vous avez atteint le terme de votre existence et c'est votre dernier jour sur terre. Vos réalisations sont de l'histoire ancienne. Il ne vous reste plus rien à faire – plus de temps pour évoluer, faire du développement personnel ou poursuivre des objectifs. Vous avez tout accompli dans cette vie.

Allons plus loin dans la fiction et imaginons que la personne que vous auriez pu devenir – la version de vous-même exploitant tout son potentiel – entre dans la pièce. Sans surprise, vous avez le sentiment de la connaître depuis toujours et vous vous sentez complètement à l'aise. Vous bavardez un peu, suffisamment pour avoir une idée de ce à quoi ressemble la version parfaite de vous-même : son état d'esprit, ses réussites, ses contributions et son niveau d'épanouissement. Cette version de vous-même a vécu son existence à fond, donné tout ce qu'elle avait, en a récolté les fruits et est aussi épanouie que n'importe qui d'autre.

Sur la base de la trajectoire que vous suivez actuellement, estimez-vous que ces deux versions de vous-même sont plutôt similaires ou aux antipodes l'une de l'autre ?

C'est une question ardue, mais si vous êtes honnête avec vous-même, c'est un excellent moyen d'évaluer le degré d'épanouissement et de productivité actuel et potentiel de votre existence. L'une des choses les plus tristes est de vivre votre existence en sachant que vous ne réussissez pas et/ou ne donnez pas tout ce que vous pouvez. Pourtant, nombre d'entre nous tombent dans ce piège. Même si votre succès dans un ou plusieurs domaines de votre vie est indéniable, il est très probable que des occasions de mieux exploiter votre potentiel dans d'autres secteurs vont se présenter.

Ce dernier chapitre va vous permettre de mettre en application tout ce que vous avez appris dans ce livre afin de pouvoir vous rapprocher de cette version de vous-même qui vaut la note 10. En un mois, l'équation du miracle deviendra tellement ancrée en votre conscience que vous n'aurez plus à faire d'efforts pour vous la remémorer. Elle deviendra partie intégrante de la personne que vous êtes. La foi inébranlable deviendra votre état d'esprit par défaut. L'effort extraordinaire vous paraîtra ordinaire. Les trente prochains jours vont être un parcours simple, mais transformateur qui vous permettra au final d'incarner l'identité d'un expert en miracles capable de créer des miracles tangibles et mesurables dans tous les domaines de son existence.

Les obstacles les plus courants et comment les surmonter

Comme vous le savez, je souhaite que votre transformation en expert en miracles soit la plus facile possible. Il est inutile et improductif de compliquer les choses (ce que notre esprit fait presque toujours). Je souhaite donc aborder d'ores et déjà les obstacles les plus courants afin que vous soyez préparé et que vous sachiez les surmonter s'ils se présentent.

Le premier obstacle, qui se présente sous diverses formes, peut être lié à nos *peurs irrationnelles,* peur de l'échec, du succès, du changement, qui sont source de procrastination. Sachez que personne n'échappe à l'inquiétude ou à la peur lorsqu'il s'agit d'atteindre un grand objectif. Chaque fois que nous osons nous aventurer hors du périmètre douillet de notre zone de confort, nous éprouvons un certain malaise. S'attaquer à quelque chose d'important fait peur, surtout si c'est la première fois. Il est tout à fait normal et logique de ressentir de telles sensations.

L'intérêt est d'expédier rapidement et en douceur cette partie du processus. Si vous surprenez votre cerveau à retomber dans une réaction de stress habituel et à générer des pensées négatives à propos de votre objectif ou de vous-même, respirez à fond et récitez votre mantra du miracle afin de recentrer votre attention sur le domaine du possible et sur ce que vous vous êtes engagé à faire et non sur ce qui vous fait peur. N'oubliez pas que vous contrôlez vos pensées, donc votre réalité. Réciter vos affirmations quotidiennes de l'équation du miracle (l'une des étapes de votre défi en trente jours) permet à votre cerveau de prendre la distance nécessaire pour vous libérer de vos peurs et vous concentrer sur l'objet et les raisons de votre engagement.

Si vous avez encore peur et toujours le sentiment de vous trouver dans une impasse, je vous invite à relire le chapitre 3 afin de savoir si vous êtes victime de l'un des quatre conflits intérieurs suivants :

- Une peur irrationnelle des occasions et la préférence pour le statu quo – *Avez-vous peur des occasions ?*
- Choisir entre une conception étriquée ou éclairée du mérite – *Avez-vous le sentiment de ne pas mériter ce qui vous arrive ?*
- Passer d'un sentiment de dysmorphie à l'exploitation de son potentiel – *Ne voyez-vous pas vos véritables capacités ?*
- Entrer dans le moule ou choisir d'être libre – *Laissez-vous les autres vous limiter ?*

La compréhension de ce qui vous freine est le premier pas vers la levée de l'obstacle.

Autre obstacle que j'ai vu à de très nombreuses reprises chez des clients et amis qui ont relevé ce défi, la gestion de l'attachement émotionnel aux résultats à court terme. Vous vous souvenez de mon ami qui suivait son processus pour perdre du poids (restriction de l'apport calorique et exercice physique quotidien), mais n'avait pas fait bouger les chiffres qui s'affichaient sur sa balance ? Son attachement émotionnel a failli le pousser à abandonner, puis il a constaté qu'il conservait le même poids, mais diminuait son taux de masse graisseuse. Son effort portait donc ses fruits.

Prenez la durée de mon effort extraordinaire pour promouvoir *Miracle Morning* avant qu'une hausse sensible des ventes se produise. Je suis resté engagé dans l'exécution de mon processus en participant à plus d'une centaine de podcasts et en réalisant plus de cinquante épisodes de mon propre podcast, en intervenant dans plus d'une dizaine d'émissions matinales à la télévision, entre autres choses, avant que les ventes de ce livre ne finissent par décoller. Si j'avais montré un attachement émotionnel à mes résultats à court terme (qui étaient médiocres), j'aurais abandonné au bout du deuxième, quatrième ou douzième mois et ne serait assurément pas allé jusqu'au dix-huitième mois. J'ai heureusement compris que s'il existe, ne serait-ce qu'un seul secret du succès, c'est le suivant : *rester engagé dans votre processus sans être émotionnellement attaché à vos résultats.* Chaque résultat est précédé d'un processus, et tant que vous restez engagé dans ce processus à long terme, votre réussite finit par devenir inévitable.

Autre obstacle, l'*impatience.* Nous vivons une époque et dans une culture caractérisées par la gratification immédiate. Nous pouvons contacter instantanément des amis par SMS, accéder à l'instant T à n'importe quel site qui frappe sur-le-champ notre imagination d'un simple effleurement sur notre téléphone. Nous pouvons même commander des chaussures ou des provisions qui nous seront livrées le jour même. Il semble que la patience soit une vertu délaissée.

Mais en matière de création de miracles, la patience est une composante capitale. Certains miracles mettent beaucoup de temps à se concrétiser. Par exemple, si vous entreprenez d'écrire un livre, cela ne se fera pas en un après-midi (à moins que ce soit un tout petit livre). Il faudra vous montrer persévérant, même si vous avez calculé le nombre de mots à coucher sur le papier chaque jour afin de respecter une date limite bien précise. Chaque livre que j'ai écrit, dont celui-ci, m'a demandé plus de temps que je ne l'avais prévu au départ. Il m'a fallu six ans pour écrire mon premier ouvrage, trois ans pour le deuxième. Celui-ci m'a demandé six mois (après avoir dit à mon éditeur que j'allais mener à bien ma mission en trois mois).

L'impatience fait grimper votre niveau de stress et rend plus difficile le respect de votre engagement envers votre processus. Elle sape votre créativité, nuit à votre capacité de concentration et obscurcit votre habileté à résoudre des problèmes. Si vous vous surprenez à taper du pied impatiemment, énervé par le fait de ne pas avoir encore atteint votre objectif, n'oubliez pas que votre démarche s'inscrit sur le long terme et que c'est une manière de vivre.

Maintenant que vous disposez des stratégies nécessaires pour surmonter les obstacles les plus fréquents qui vous empêchent de revêtir le costume d'expert en miracles, plongeons au cœur de ce défi à relever en trente jours.

Votre défi de l'équation du miracle en trente jours

Ressource téléchargeable : le manuel du défi de l'équation du miracle en trente jours est téléchargeable sur www.tmebonuses.com (en anglais).

Le défi de l'équation du miracle en trente jours comprend six étapes. Vous en avez peut-être déjà exécuté trois au fil de la lecture de ce livre. Dans ce cas, félicitations ! Vous avez déjà fait la moitié du chemin ! Si vous n'avez pas pris le temps d'effectuer les trois premières étapes au cours de la lecture, car vous êtes tellement enthousiaste que vous ne pouvez pas vous arrêter de lire (je ne vous en voudrai pas, car c'est ce que je fais systématiquement !), je vous encourage à relire les étapes ci-dessous, puis à revenir sur le chapitre correspondant afin de pouvoir achever chaque étape.

Le défi de trente jours en action

Pour ne rien vous cacher, c'est la première fois que le défi de l'équation du miracle en trente jours est présenté au monde. Je ne dispose donc pas de beaucoup d'exemples à vous donner. Mais ce défi s'inspire de celui qui consiste à changer de vie en trente jours grâce au Miracle Morning, qui a aujourd'hui été mis en œuvre par des centaines de milliers de personnes aux quatre coins du monde. Et les résultats sont stupéfiants.

En seulement trente jours, voici ce qu'a accompli Dawn Pogue de l'Ontario (Canada) :
– elle a arrêté de fumer (trente jours sans cigarette) ;
– elle a fait de l'exercice physique chaque jour (trente jours de vélo elliptique) ;
– elle a cessé d'absorber de la caféine (trente jours sans café) ;
– elle a retrouvé la ligne (une perte de 5 kilos et 10 centimètres de tour de taille) ;
– elle a retrouvé de l'assurance.

En trente jours, Gillian Perkins de Salem, dans l'Oregon (Canada), a réussi les actions suivantes :
– elle a lu trois livres ;
– elle a fait évoluer son activité de 30 % ;
– elle a économisé 5 000 dollars d'acompte pour sa prochaine maison ;
– elle a fait du sport trois fois par semaine ;
– elle a fait passer son taux de masse graisseuse de 36 % à 23 % ;

– elle a commencé à écrire son premier livre ;
– elle a réorganisé complètement et nettoyé de fond en comble toute sa maison.

Georgios Griorakis, de Cologne (Allemagne), a accompli beaucoup de choses :
– il a préparé et publié trois articles sur son blog ;
– il a couru un semi-marathon ;
– il a suivi à la lettre un programme de nutrition bien précis ;
– il a écouté plus de vingt podcasts tout en faisant du sport ;
– il a amélioré sa confiance en lui, sa persévérance et son autodiscipline et éprouvé de la fierté d'avoir relevé avec succès ce défi en trente jours.

Voilà la preuve qu'il est possible de modifier significativement votre existence en seulement trente jours. À votre tour, maintenant !

ÉTAPE 1 : définissez votre première mission

Vous vous souvenez de l'histoire, racontée au chapitre 6, de mon engagement à courir un ultra-marathon de 83 kilomètres parce que je détestais courir et que je souhaitais rencontrer le type – *devenir* le type – capable de réussir son coup ? À votre tour, maintenant. Quel est votre ultra-marathon ? Quelle mission est tellement éloignée de votre zone de confort que vous ne savez même pas la personne que vous devriez incarner pour la mener à bien, tout en ayant très envie de la rencontrer et de devenir cette personne ?

Pour choisir votre mission, passez simplement en revue tous vos objectifs et demandez-vous : *lequel d'entre eux me permettra de devenir la personne qu'il faut que je sois pour obtenir tout ce que je veux d'autre dans la vie ? La réponse à cette question va devenir votre mission.*

Il faut que votre mission vous motive et vous donne de l'énergie, mais elle peut également vous intimider, vous faire un peu peur ou carrément vous effrayer. Elle doit être suffisamment importante pour vous faire prendre des distances avec votre mode de vie actuel et s'avérer suffisamment difficile pour vous faire progresser. Assurez-vous d'avoir bien pris en compte vos valeurs et ce qui importe le plus à vos yeux, car votre mission doit être riche de sens. Puis choisissez un miracle tangible et mesurable qui reflète la valeur que vous souhaitez mettre immédiatement en exergue dans votre existence. Ce sera votre première mission.

ÉTAPE 2 : définissez votre processus

La clarté donne de l'énergie. Lorsque nous savons précisément quoi faire et avons conscience que cela nous rapprochera de notre but, la perspective d'un succès inévitable nourrit notre motivation. Veillez à ce que votre processus reste le plus simple possible et facile à appliquer. Il est généralement préférable d'exécuter une tâche à la fois. Si vous n'avez encore aucune idée du contenu de votre processus, la première chose à faire est d'effectuer des recherches pour décider ce à quoi il doit ressembler. Lisez d'abord sur Internet tous les articles accessibles gratuitement et relatifs à votre mission puis les ouvrages sur le sujet ayant les meilleures critiques. Si votre mission implique de développer une compétence, de maîtriser une aptitude ou de devenir un expert dans un domaine, votre procédure initiale sera peut-être de vous exercer et/ou d'étudier. Gardez en tête qu'il s'agit d'un mode de vie.

Russell Simmons déclare dans son livre *Do You!: 12 Laws to Access the Power in You to Achieve Happiness and Success*[16] : « Je connais des gens qui disent qu'il faut toujours avoir un œil sur le prix à remporter. Je ne suis pas d'accord. Lorsque vous êtes obnubilés par le prix, vous n'arrêterez pas de trébucher et de vous planter. Si vous voulez vraiment avancer, vous devez garder les yeux fixés sur le chemin à parcourir. » En ce qui nous concerne, le chemin, c'est votre processus. N'oubliez pas que chaque résultat est atteint grâce au processus qui le précède et que la clé pour atteindre vos objectifs est de *rester engagé dans votre processus sans être émotionnellement attaché à vos résultats.*

16 Russel Simmons, Chris Morrow, Gotham Books, 2007.

ÉTAPE 3 : récitez chaque jour sans exception vos affirmations de l'équation du miracle

Gardez bien en tête que la répétition quotidienne permet d'ouvrir notre esprit à de nouvelles possibilités. Ne vous attendez pas à ce qu'une affirmation transforme votre mode de pensée si vous ne la répétez qu'une fois ou même dix fois. C'est comme l'exercice physique. Vous devez pratiquer régulièrement et dans la durée afin d'en récolter les fruits. Pour remplacer la peur par la foi et faire en sorte que celle-ci demeure inébranlable, vous devrez la renforcer chaque jour. Sortez donc immédiatement votre agenda et prévoyez un rendez-vous régulier avec vous-même au cours duquel vous réciterez vos affirmations. Cette étape ne devrait vous prendre que quelques minutes et vous mettre sur la bonne voie.

ÉTAPE 4 : programmez votre processus et soyez-en responsable

L'effort extraordinaire est une question de *constance.* Il s'agit de mettre en œuvre le processus défini et de faire au moins une chose chaque jour qui vous rapproche de l'accomplissement de votre mission. Dans mon agenda figure un créneau matinal récurrent de soixante minutes baptisé « Mission » afin de m'assurer que je fais bien progresser ma priorité numéro 1 avant de faire quoi que ce soit d'autre. Vous concernant, ce créneau durera peut-être trente ou soixante minutes, à raison de cinq à sept fois par semaine, le matin ou le soir, avant ou après votre journée de travail. Il peut très bien également s'agir de quatre heures le samedi et autant le dimanche avant de passer du temps en famille ou de vous détendre seul. Veillez à programmer votre processus lorsque vous êtes au sommet de votre forme, quand votre énergie et votre capacité de concentration sont à leur maximum. En ce qui me concerne, c'est le matin. L'après-midi, j'ai le cerveau déconnecté.

Avant de passer à l'étape suivante, évoquez, avec la ou les personnes censées vous responsabiliser, votre engagement envers eux et décidez de la manière dont elles vous remettront sur les rails (grâce à des bilans quotidiens ou hebdomadaires) et parlez de votre mode de communication. C'est à ce moment-là que votre engagement commence à s'ancrer. Faites donc preuve de minutie et veillez à ce que le créneau horaire programmé soit raisonnable et régulier.

ÉTAPE 5 : évaluez chaque jour votre processus et votre progression

Même si, émotionnellement, vous ne tenez pas à vous accrocher à vos résultats à court terme, vous voulez quand même les avoir en tête. Il arrive parfois que nous devions modifier notre processus en fonction d'eux. À d'autres moments, il est utile d'y réfléchir. Je vous recommande de planifier un atelier quotidien d'*écriture* pour bien garder votre mission à l'esprit et poursuivre sur votre lancée. Certaines personnes aiment faire cela le matin afin de se pencher sur ce qui s'est passé la veille, tandis que d'autres préfèrent écrire le soir, une fois la journée écoulée. Voyez ce qui serait le plus efficace pour vous.

Voici des exemples de questions que vous pourriez vous poser :

1. Quelle a été ma plus belle victoire lors des vingt-quatre dernières heures ?
2. Est-ce que j'ai bien respecté mon processus ?
3. Dans quel domaine me suis-je le plus amélioré ?
4. Y a-t-il quelque chose que j'aurais pu faire mieux ou différemment ?
5. Quels enseignements ai-je tirés jusqu'à présent ?
6. Dois-je modifier ou ajuster mon processus ?
7. Y a-t-il une personne en particulier que je pourrais solliciter pour un conseil ou un retour ?

Ressource téléchargeable : les questions énumérées ci-dessus (et bien d'autres) figurent dans le manuel du défi de l'équation du miracle en trente jours sur www.tmebonuses.com (en anglais).

ÉTAPE 6 : évaluez votre expérience à la fin de chaque mission.

Les personnes et les équipes qui connaissent le succès ont en commun de savoir prendre le temps, après l'achèvement d'un projet, de réfléchir aux enseignements qu'elles peuvent en tirer pour aller plus loin. Comme vous le savez, chacun de vos objectifs est important, mais les qualités et les caractéristiques que vous développez (à savoir la personne que vous devenez) pendant ce processus restent votre atout le plus précieux. Bien cerner puis assimiler ce que vous apprenez tout au long du parcours qui mène à votre objectif est indispensable pour devenir un expert en miracles :

Voici quelques questions à vous poser :

1. Est-ce que j'ai atteint mon objectif ?
2. Y a-t-il quelque chose que j'aurais pu faire mieux ou différemment ?
3. Qu'est-ce que cela m'a appris ?
4. Quels changements dois-je faire pour ma prochaine mission ?

Avant de commencer votre première mission…

… sachez que vous disposez déjà en vous de tout le nécessaire pour vivre chaque jour dans la peau d'un expert en miracles et vous offrir la vie la plus extraordinaire que vous puissiez imaginer. En réalité, vous avez toujours eu ces capacités. J'ai simplement tenté de les mettre en lumière. J'espère qu'en lisant ce livre vous avez appris tout ce dont vous avez besoin et je vous souhaite une immense réussite dans l'accomplissement de votre première mission et de celles qui suivront. Vous n'avez que deux décisions à prendre pour que vos objectifs les plus fous passent du stade du possible… à celui du probable… puis à celui de l'inévitable. Le moment est venu de vous mettre à accomplir des miracles.

Conclusion

QU'ALLEZ-VOUS FAIRE MAINTENANT ?

Ce n'est pas la fin.
Ce n'est même pas le commencement de la fin.
Mais c'est peut-être la fin du commencement.

WINSTON CHURCHILL

Nous avons examiné beaucoup de points ensemble et je souhaiterais vous remercier d'avoir tenu bon et d'être resté avec moi jusqu'à la fin du livre, même si le chemin parcouru ne correspond encore qu'au tout début de votre aventure. J'ai essayé de déconstruire les miracles afin de vous montrer leur dimension pratique et réaliste. Malgré ce que pensent nombre de personnes et peut-être même ce que vous pensiez lorsque vous avez ouvert ce livre la première fois, les miracles n'ont rien de mystérieux – tout du moins ceux qui ont une nature tangible et mesurable et que vous saurez identifier et accomplir.

En suivant l'équation du miracle et en utilisant les stratégies supplémentaires dont nous avons parlé, réaliser des miracles successifs deviendra pour vous un vrai mode de vie. Tant que vous vous en tiendrez aux deux décisions que nous avons explorées ensemble, votre succès sera inévitable et vous constaterez que tout ce que vous désirez est du domaine du possible. Je sais que c'est une sacrée promesse, mais je l'ai constaté trop souvent pour croire le contraire.

J'ai eu le bonheur d'avoir plusieurs fois l'occasion de surmonter des difficultés immenses, qui ont mis ma vie en danger, et de créer la vie que j'ai toujours souhaitée grâce à mon engagement indéfectible depuis près de vingt ans pour vivre selon l'équation du miracle. J'ai également eu le privilège de partager les miracles d'autres personnes, de les voir vaincre leurs conflits intérieurs et aller au-delà de ce qu'elles estimaient auparavant impossible, sans recourir à la magie ni en fixant au mur un tableau de visualisation, mais en prenant résolument et en respectant deux décisions, celles-là mêmes prises par les plus grands personnages de l'histoire, à savoir avoir une foi inébranlable et fournir un effort extraordinaire.

Vous pouvez vous aussi vivre la même chose : opérer des changements extraordinaires dans votre vie et à un rythme que vous n'estimiez pas possible. Au cours des trente prochains jours, vous pourrez surmonter les peurs, les doutes et les conflits intérieurs qui vous ont toujours inhibé. Vous avez en vous le pouvoir de réaliser ce que vous estimiez jusque-là impossible. Vous n'avez plus aucune limite. *Vouloir créer* la vie que vous voulez est votre droit le plus absolu.

Quant à faire passer vos objectifs les plus importants du statut du possible à celui du probable, puis à celui de l'inévitable, la question de la réussite de cette entreprise ne se pose pas, car vous finirez par y parvenir. Lorsque vous appliquez l'équation du miracle, la variable majeure est simplement le *temps* nécessaire pour accomplir votre mission. Cela prend souvent plus de temps que ce qu'on avait prévu ou espéré, mais soyez patient, le jeu en vaut toujours la chandelle.

Rappelez-vous ceci : chaque fois que vous aimeriez être plus avancé dans votre cheminement ou que vous comparerez votre progression à celle de quelqu'un d'autre, gardez à l'esprit qu'une fois le but atteint, vous ne regretterez presque jamais que l'issue ne se soit pas matérialisée plus tôt. Vous constaterez que le parcours accompli et le calendrier étaient parfaits. Les difficultés et les obstacles étaient nécessaires à votre évolution. Alors, quel que soit le stade où vous en êtes aujourd'hui, ayez l'esprit tranquille. Entretenez seulement ce caractère d'urgence qui est sain et utile pour vos progrès au quotidien. Vous arriverez *bel et bien* à votre destination en temps et en heure.

*

Souvenez-vous de l'introduction de cet ouvrage. J'y parlais du miracle que je me suis engagé à accomplir grâce à ce livre : *élever la conscience de l'humanité, une personne à la fois.* Même si j'imagine que cette phrase vous a fait lever les yeux au ciel quand vous l'avez lue, j'espère que vous percevez le caractère possible de cette mission. Je continuerai chaque jour à appliquer l'équation du miracle afin d'atteindre cet objectif, jusqu'à ce que j'aie le sentiment d'y être parvenu. C'est simple ! Je sais qu'avec le temps, ma mission passera du stade du possible, à celui du probable, puis à celui de l'inévitable. *Il n'y a pas d'autre option.*

Et vous, alors ? Avez-vous déjà décidé quelle sera votre première mission ? Vous préparez-vous à votre défi à relever en trente jours ?

Dès le début, je vous invite à réfléchir au-delà de votre personne. Il est certes génial d'accomplir des miracles dans la sphère de nos intérêts individuels (et ces miracles sont importants), mais ne perdez pas de vue la vision d'ensemble. Maintenant que vous savez comment créer des miracles tangibles et mesurables, vous avez également la responsabilité de choisir les miracles à accomplir. Regardez le monde autour de vous. Que lui manque-t-il ? Qu'aimeriez-vous voir plus souvent ? Quel domaine allez-vous marquer de votre empreinte personnelle ? Qu'allez-vous léguer ? Commencez bien sûr par vous-même et votre famille, puis épanouissez-vous en vous penchant sur votre communauté. En tant qu'expert en miracles, votre potentiel d'influence sur les autres est sans limites et il s'agit là d'une responsabilité qu'aucun de nous ne doit prendre à la légère.

Comme vous le savez désormais, vivre en harmonie avec deux décisions très simples vous ouvrira un nouveau paradigme de possibilités. Il vous appartient de choisir celles que vous vous engagez à transformer en éléments inévitables. Aucun objectif, aucun rêve, aucune mission ne sont trop grands, car vous ne pouvez pas échouer. Vous ne pouvez qu'apprendre, évoluer et devenir meilleur que vous ne l'avez jamais été. J'ai hâte de découvrir les miracles que vous aurez accomplis.

REMERCIEMENTS

Il faut tout un village pour élever un enfant et peut-être même deux pour écrire un livre. J'aimerais exprimer mon immense gratitude aux personnes suivantes, qui constituent mon village :

Mon épouse pour la vie et la femme de mes rêves, Ursula. Tu es la femme, la mère et l'être humain le plus incroyable avec lequel je pouvais espérer partager ma vie. Grâce à ton soutien infaillible, tu rends possible tout ce que j'entreprends. Mon cœur t'appartient à partir du moment où tu promets de le partager avec les deux personnes suivantes…

Nos enfants, Sophie et Halsten. Vous êtes mon inspiration et il n'y a pas plus cher à mon cœur que vous deux.

Mes parents, Mark et Julie. Si je pouvais revenir au tout début de ma vie pour choisir mes parents, je vous choisirais tous les deux ! La personne que je suis aujourd'hui doit tout à votre amour inconditionnel et à votre influence.

Ma sœur, Hayley, que j'aime et que je respecte profondément, pour avoir toujours cru en moi.

Tiffany Swineheart, ma directrice des opérations. Je n'ai pas de mots pour exprimer tout ce que tu m'as apporté dans la vie et à quel point je t'apprécie. Tu es la meilleure, Tiff.

Jon Berghoff, mon très cher ami et partenaire dans les affaires. Quand j'étais à l'hôpital, en train de lutter contre le cancer, tu as vraiment pris les choses en main pour me soutenir, ainsi que ma famille. Je t'aime, mon pote.

Honorée Corder, mon amie et cocréatrice de la collection d'ouvrages « Miracle Morning ». Lorsque j'étais à l'hôpital à me battre contre la maladie, tu es également montée au créneau (je pense que tu as publié deux livres de la collection !) afin de m'aider, ainsi que ma famille. Je t'aime, HC !

John Maas et Celeste Fine, mes brillants agents de chez Sterling Lord Literistic, pour leur foi inébranlable et l'effort extraordinaire fourni pour que ce livre devienne réalité.

Diana Baroni et l'équipe de Penguin Random House pour avoir cru en *L'Équation du miracle* et l'avoir présentée au monde.

Chaque membre de la communauté Miracle Morning, qui se réveille chaque matin pour exploiter son potentiel et inciter les autres à faire de même. Ensemble, nous élevons vraiment le niveau de conscience de l'humanité, un matin à la fois. Je vous aime tous !